Silke Schröckert

MOM

Leben & erziehen

IMPRESSUM

JUNIOR MEDIEN GMBH & CO. KG
Willy-Brandt-Straße 51, 20457 Hamburg
Tel. 040/357 29 19-0, Fax 040/357 29 19-29
info@junior-medien.de

IDEE, KONZEPT & TEXT: Silke Schröckert
PROJEKTKOORDINATION UND LEKTORAT: Nina Schnackenbeck
ART-DIREKTION: Anja Jung
MIT BEITRÄGEN VON: Yvonne Küppers, Corinna Bäck, Christina Meyer, Eva Gardé, Katrin, Anja Mensing, Mona Diop

BILDNACHWEISE:
Cover: Malte Müller
Innen: Malte Müller, ilyast, medesulda, Aysel Zamanli

Druck und Bindung:
Plump Druck & Medien GmbH

Printed in Germany

ISBN: 978-3-910509-02-3

leben-und-erziehen.de

FÜR
ALLE
ELTERN.

INHALT

GOOD MOM.

BAD MOM?

BEST MOM!

Schauspielerin Maria Ehrich ist 2022 zum ersten Mal Mutter geworden.

VORWORT
VON MARIA EHRICH

Der kleine Plastiklöffel in meiner Hand zittert nervös hin und her, während ich mir mit dem linken Handrücken ein paar Schweißtropfen von der Stirn wische. Der Brei kleckert links und rechts über den Löffelrand. Natürlich ist er viel zu dünn und wässrig geraten, dabei habe ich mir mindestens zwei Stunden lang Brei-Tutorials auf YouTube angesehen, bei denen ich mich immer wieder gefragt habe, seit wann ich eigentlich begonnen habe, aus Gemüsekochen und -pürieren so eine Raketenwissenschaft zu machen.

Meine sechs Monate junge Tochter schaut mich verständnislos (und zunehmend sauer) an und öffnet immer wieder, wie ein kleiner Vogel sein Schnäbelchen, ungeduldig den Mund, um mir zu signalisieren, dass – Ja, zum Kuckuck! – sie absolut bereit für ihren ersten Löffel Beikost ist! Bevor ich ihr aber den Gefallen tue, checke ich zum dritten Mal die Temperatur des Breis mit einem Fleischthermometer, das ich eines Nachts um 2:43 Uhr für exakt diesen Moment hier bestellt habe.

Zack – der Löffel versenkt sich im kleinen Schnatterkasten meiner Tochter. Einen Moment starre ich sie gespannt und ohne zu blinzeln an. Kein gefürchtetes Verschlucken, keine dramatischen Szenen, die sich abspielen. Ich atme aus und sacke ausgepowert in meinem Stuhl zusammen.

Da kämpft sich in Zeitlupe ein Gedanke durch mein von Schlaflosigkeit gebeuteltes Hirn: Wann bin ich so geworden? Wann sind meine Zuversicht und mein Optimismus gegenüber dem Mama-Sein einer allummantelnden Angst und Nervosität gewichen? Ich kann mich an keinen speziellen Moment erinnern – beim besten Willen nicht. Die letzten Monate sind ein einziger Nebel ohne klare Begrenzung, und eben habe ich einen Artikel gelesen, in dem steht, dass bei Frauen in der Schwangerschaft das Gehirn schrumpft! (Gruselig! Zum Glück werde ich das gleich wieder vergessen haben.)

Mir schwant, dass der Ursprung meiner Unsicherheit die Ansammlung all der gut (und nicht so gut) gemeinten „Ratschläge" ist. Sie ist eine Ausgeburt der perfekt bunten Highlight-Reels anderer Mütter in den sozialen Medien, der ständigen Warnungen in Mama-Foren und Krabbelgruppen, die mir regelmäßig meinen Atem, den Instinkt und den Verstand rauben.

Ich wünsche mir Echtheit, Offenheit und Ehrlichkeit im Gespräch mit anderen Eltern. Ein bisschen mehr „Je ne sais quoi". Das viel zitierte Dorf, was es definitiv braucht, um Kinder großzuziehen – auch wenn man manchmal nur im Geiste miteinander verbunden sein kann.

Und hier kommt Silke ins Spiel. Ich weiß noch, dass ich ziemlich beeindruckt von ihr war, als ich sie das erste Mal getroffen habe. Wir saßen uns in einem der frühen Meetings zu unserer Serie „Filmgorillas" gegenüber, und Silke hatte ALLES dabei. Blöcke voller Notizen, Stifte in sämtlichen Neonfarben und, das muss ich neidvoll eingestehen, die allerbesten Ideen. Dabei sprühte sie vor Begeisterung, und ich habe mich ernsthaft gefragt, wie sie das macht mit der ansteckenden guten Laune und dem nicht abreißenden Gedankenstrom. Irgendwann wurde es mir aber klar. Silke ist eine Menschenkennerin. Sie versteht ihr Umfeld und weiß sehr genau, was emotional gerade gebraucht wird. Eine absolute Mama-Kunstfertigkeit, würde ich mittlerweile behaupten.

Zur Geburt unserer Tochter hat Silke mir ein Care-Paket zugeschickt, in dem ihr erstes Buch „101 Dinge, die in keinem Elternratgeber stehen" enthalten war. Es ist bis heute eins meiner liebsten, tröstendsten, witzigsten Bücher über das Elternsein.

„Bad Mom" geht ebenso ins Herz und an die Lachmuskeln. Silke hat wieder einmal ihre feine, empathische Seite, gemixt mit ihrem wohltuend ehrlichen Humor, auf die Tastatur losgelassen und Geschichten aus ihrem Leben niedergeschrieben, in denen ich mich so oft wiederfinde. Dieses Buch ist eine Einladung dazu, unsere Elternschaft mit mehr Leichtigkeit zu nehmen und vermeintliche Fehltritte als das wahrzunehmen, was sie sind: Chancen. Zum Lernen, zum Verändern oder einfach zum Annehmen und Endlich-mal-locker-durch-die-Hose-Atmen.

Wenn das bedeutet, dass ich eine „Bad Mom" bin, dann trage ich diesen Titel wie ein Abzeichen mit großem Stolz auf der (mit Brei besabberten) Brust. ❤

THE GOOD. THE BAD. THE MAMA.
WIE ICH ENTSCHIED, DIESES BUCH ZU SCHREIBEN

„Wir haben die Eltern-Nummer einfach raus!“, sage ich stolz zu meiner Freundin Mona.

Mona schaut auf das Kaltgetränk in ihrer Hand. Die Dosen haben wir reingeschmuggelt, denn mitgebrachte Speisen und Getränke sind verboten im Hüpfburg-Paradies. Unser schlechtes Gewissen hält sich in Grenzen: Wir haben unfassbar viel Eintrittsgeld auf den Tisch gelegt für uns und unsere insgesamt vier Kinder. Die toben gerade über eine der zahlreichen aufgeblasenen Riesenrutschen, schmeißen sich mit Anlauf die Rutschfläche hinab, quietschen dabei vor Glück und rennen direkt wieder zur kleinen Klettertreppe, um den wabbeligen Hüpfberg erneut zu erklimmen.

Mona und ich liegen mit besagten Dosengetränken in der Hand und Sonnenbrillen auf der Nase in zwei der für die Eltern bereitgestellten Liegestühle. Auf dem riesigen Gelände des „Dschungel-Jump“, wie die Attraktion heißt, haben wir es geschafft, genau die eine Ecke zu finden, in der wir unseren Nachwuchs zwar im Blick behalten können – die vier uns jedoch nicht. Ja, wir verstecken uns vor unseren eigenen Kindern. Weil wir uns mal wieder in Ruhe unterhalten wollen. Weil wir dabei nicht alle 90 Sekunden auf ein gebrülltes „Guck mal, Mama, guckst du? Siehst du, was ich mache?“ reagieren wollen. Weil wir beide müde sind von der Woche, von dem frühen Aufstehen und von all den To-dos und To-care-abouts, die im Mama-Leben vollkommen normal sind. Weil wir finden, dass wir an einem Sonntag im schweineteuren Hüpfburg-Paradies auch ein kleines bisschen „Paradies“ verdient haben. Oder zumindest einen kurzen Moment des Durchatmens.

Und es funktioniert: In den letzten anderthalb Stunden haben unsere Kinder kein einziges Mal nach uns gefragt. Die vier toben und sind happy, wir unterhalten uns und sind es auch. Besser kann man sechsmal

überteuerten Hüpfburg-Park-Eintritt nicht investieren, finde ich.

„Mal ehrlich, das ist doch richtig gut, was wir hier machen!", schiebe ich deshalb hinterher. Doch Mona ist skeptisch: „Ich glaube, das würden so ziemlich alle anderen Eltern anders beurteilen", sagt sie und lacht.

Sie hat vermutlich recht. Wir beobachten Eltern, die ihre Kinder von Hüpfburg zu Hüpfburg begleiten. Sie machen Fotos und feuern ihren Nachwuchs lautstark an. Sie ermutigen ihre Kinder, die nächstgrößere Burg zu erklimmen, weil sie doch schon so groß sind, oder halten sie davon ab, weil sie genau dafür noch zu klein sind. Sie weichen nicht von der Seite ihrer Kinder, und bei jedem „Guck mal, Mama, guckst du?" gucken sie auch wirklich. Es gibt Tage, an denen kann ich das auch, da habe ich die Energie dafür. Heute ist keiner dieser Tage. Doch eine gute Mutter macht das eigentlich trotzdem. Eine gute Mutter versteckt sich nicht vor ihren Kindern. Oder?

Nach weiteren zwei Stunden, als unsere Kinder müde gehüpft und glückselig erschöpft sind, sammeln wir die vier ein. Um richtig zu kochen, ist es viel zu spät geworden, also bestellen wir am Imbissstand schnell noch Crêpes für alle zum Abendbrot. Das Gemüse zu Hause muss bis morgen warten. „Wie fandet ihr es denn?", will ich auf dem Heimweg wissen. „Das war der BESTE Tag!", urteilt meine Tochter. „Es war perfekt!", findet mein Sohn.

Ich finde das auch. Die Kinder sind glücklich. Ich bin es auch. Obwohl ich heute alles andere als „eine gute Mutter" war. Oder vielleicht gerade deswegen? Was ist das überhaupt, „eine gute Mutter"? Warum habe ich sofort so ein konkretes Bild vor meinem geistigen Auge, wenn ich diese Formulierung höre? Und: Wie bekomme ich das wieder weg?
Genau darum geht es in diesem Buch. ❤

GOOD
MOM.

ALLER ANFANG IST PERFEKT

WIE ICH MIR VORNAHM, DIE BESTE MUTTER ALLER ZEITEN ZU WERDEN

Hi, wir kennen uns noch gar nicht. Ich bin Silke, und ich bin eigentlich ganz nett.

Wirklich.

Ich muss das dazusagen, weil du dieses Buch vermutlich chronologisch liest. Und ich sehe ein: Wenn man die folgenden Seiten liest, dann ist die Wahrscheinlichkeit groß, dass sich meine sympathische Art, sagen wir mal, nicht auf den allerersten Blick durch und durch erschließt. Also, vielleicht auch gar nicht. Okay, nennen wir das Kind beim Namen: Du wirst mich beim Lesen des ersten Teils dieses Buches vermutlich für eine komplette Idiotin halten. Du wirst leise mit dem Kopf schütteln und laut über mich lachen, du wirst dich fragen, was eigentlich in mir vorgegangen ist und wie ich es geschafft habe, zwei Kinder großzuziehen (obwohl: Sechs und neun Jahre ist ja noch nicht „groß", nennen wir es, halb großzuziehen).

Die Wahrheit ist: Ich selbst tue das auch, wenn ich mich an diese Zeit zurückerinnere. An diese Anfangszeit als werdende und frischgebackene Mama. (Da fällt mir ein, dass ich mich schon in meinem letzten Buch über das Wort „frischgebacken" aufregen wollte: Synonyme für „frischgebacken" sind „ungebraucht" und „fabrikneu". Ganz im Ernst: Weiter weg vom Körpergefühl einer Mutter im Wochenbett könnte diese Beschreibung wirklich nicht sein. Ich plädiere künftig für einen etwas realistischeren Terminus, „frisch überrumpelt" vielleicht oder „frisch überwältigt". Aber zurück zum Thema.) Wenn ich mich heute an meine Zeit als werdende und frisch überwältigte Mama zurückerinnere, kann ich selbst kaum fassen, dass ich das alles wirklich einmal ernst gemeint habe. Doch so war es: Ich war felsenfest überzeugt von den Dingen, die du jetzt lesen wirst.

Aber vielleicht schüttelst du an der ein oder anderen Stelle dann doch nicht mit dem Kopf. Vielleicht wird das Auslachen leiser und die Erkenntnis lauter, dass du dich zwischen den Zeilen (oder auch mittendrin) selbst ein wenig wiedererkennen kannst. Denn ich bin der festen Überzeugung: Ich war und bin nicht allein mit dieser grundnaiven Vorstellung, die mich schon vor dem ersten positiven Schwangerschaftstest komplett eingenommen hatte:

Ich wollte perfekt sein.

Nicht einfach nur „eine gute Mutter". Sondern die beste.

Ich wollte besser sein als die Weißwäsche waschenden und Filterkaffee kochenden Strahle-Mütter, die ich in den 80ern und 90ern in der TV-Werbung gesehen hatte (zu denen komme ich später noch ausführlich). Ich wollte besser sein als die Stilettos tragenden und Anwaltskanzleien leitenden Hochglanz-Muttis, die ich in Hollywood-Filmen und Pro7-Serien erlebt hatte. Ich wollte besser sein als die Strampler häkelnden und Brei kochenden Grinse-Moms auf Instagram. Und ohne jeden Zweifel (und jetzt kommen wir zu dem unsympathischen Teil, es tut mir leid) wollte ich auch eine bessere Mutter sein als du. ❤

FILTER, FILTER IN DER HAND
WIE INSTAGRAM, ELTERNRATGEBER UND MAMA-BLOGS MICH ZU MOMZILLA MACHTEN

Zu meiner Verteidigung (denn ich habe das Gefühl, mich an dieser Stelle dringend verteidigen zu müssen): Es ist heute wirklich schwer, kein überzogen-unrealistisches Bild des Mutterwerdens und Mutterseins im eigenen Unterbewusstsein heranzuzüchten. Noch bevor überhaupt ein zweiter Strich auf meinem Schwangerschaftstest erschien, habe ich schon Facebook-Videos und Insta-Inszenierungen verschlungen, in denen andere Mütter ihren Nachwuchs ankündigten. Glaubt man dem Internet (und das ist bekanntlich der erste Fehler), dann herrschen drei angemessene Arten vor, die frohe Kunde zu verbreiten: Entweder man backt die geheime Botschaft in ein aufwendig gestaltetes und mindestens dreistöckiges Kuchenkunstwerk ein. Oder aber man engagiert einen angesagten Fotografen für Familienfotos, der kurz vorm Drücken des Auslösers statt „Bitte lächeln" laut „SILKE IST SCHWANGER!" ruft, um dann direkt die emotionsreichen Reaktionen aller Abgelichteten für die Ewigkeit festzuhalten, naaaaw! Oder aber natürlich der Klassiker für die ganz Geduldigen, die so lange warten können: Man setzt das erste Ultraschallbild aufmerksamkeitsstark in Szene, zum Beispiel am Boden einer (dann hoffentlich schnell) leer gegessenen Pralinenschachtel, am Ziel einer aufwendig ausgeklügelten Schnitzeljagd oder ganz einfach auf einer eigens gebuchten Plakatfläche in der Innenstadt, an der man dann zufällig gemeinsam vorbeispaziert. Okay, der letzte Punkt kommt nicht allzu häufig vor. Aber: In Sachen Schwangerschaftsverkündung gibt es wirklich nichts, was es nicht gibt. (Ich schwöre, dass ich letzte Woche ein Video gesehen habe, in dem die werdende Mutter den positiven Schwangerschaftstest als Eisstiel verwendet hat und den nichts ahnenden Vater so lange an dem DIY-Wassereis rund um das angepinkelte Stäbchen hat lutschen lassen, bis er endlich gemerkt hat, was er da gerade im Mund hat.) Ja, die Inszenierung der frohen Kunde kennt keine Grenzen. Zumindest auf Instagram.

Auf Instagram kocht auch fast jede Mutter den Babybrei selbst. In ihrer picobello aufgeräumten Küche. Bevor sie sich dann an den ebenfalls aufgeräumten und mit frischen Blumen geschmückten Esstisch mit der DIY-Fensterdekoration im Hintergrund setzt und sich für „das Chaos" entschuldigt, wenn ein Breiklecks doch einmal danebengeht. Ups, hihi, schnell wegwischen. So, alles wieder perfekt.

Während in den pastellfarbenen Fotokacheln und inszenierten Reels gezeigt wird, wie das perfekte Mama-Leben in der Praxis aussieht, steht in den Elternratgebern die passende Theorie dazu. Natürlich ist es falsch, seine Kinder anzuschreien. Also macht das auf Instagram auch niemand. Wutanfälle der Kleinen muss man mit Liebe und Verständnis beantworten, deshalb gehen Videos viral von Eltern, die minutenlang geduldig neben ihren brüllenden Kindern sitzen. Und Holzspielzeug ist pädagogisch wertvoller als Plastikkram, deshalb wird – klar – online auch lieber die Brio-Eisenbahn als die Barbie in Szene gesetzt. Du hast deinem Kind Kunststoffautos von *Paw Patrol* gekauft? Was machst du noch alles falsch?

An dem Tag, an dem ich diese Zeilen schreibe, sind unter dem Hashtag #instamom knapp über sechs Millionen Beiträge veröffentlicht. Vermutlich sind es jetzt, während du das hier liest, schon deutlich mehr. Mehr als sechs Millionen Einblicke in das Elternleben, die zeigen, wie (gut) andere es machen. Und ja, ich weiß, es ist eine erlesende Handvoll an Beiträgen dabei, die sich auf sympathische Art mit dem Scheitern oder dem Nicht-perfekt-Sein beschäftigen. Aber Hand aufs Herz: Das ist die absolute Minderheit. Und die allermeisten davon sind auch nicht vollständig ehrlich, sondern präsentieren einen sehr kleinen, erträglichen, nicht völlig peinlichen Teil des wahren Chaos.

Natürlich ist es jeder selbst überlassen, wie sie mit dieser Flut an Eindrücken umgeht. Manch eine juckt es nicht, wenn Experte A im Interview sagt, wie gesund selbst gekochter Brei ist, und Influencerin B bis Z sich daraufhin strahlend beim Möhrchenschnippeln und Pastinakenpürieren filmen – die kauft trotzdem weiter unbeirrt die Hipp-Gläschen. Andere schauen sich die Fülle an Inspirationen an und ziehen sich nur genau diejenigen Informationen heraus, die passend für sie sind. Weil sie zum Beispiel ein Händchen fürs Kochen haben und sich für Breirezepte interessieren, dafür aber auf Ordnung und Inneneinrichtung nicht so viel Wert legen. Und sich deshalb von einem Kinderzimmer, das wie im Schöner-Leben-Katalog inszeniert ist, auch nicht verunsichern lassen.

Für viele Mütter aber (und ich fürchte, es ist die überwältigende Mehrheit) bedeuten diese Unmengen an überzogenen (aber vermeintlich authentischen) Inszenierungen vor allem eins: Druck. Druck, dass das Eltern- und Familienleben bei einem selbst genauso auszusehen hat. Genauso schön und ordentlich, so liebevoll und wertschätzend, so ausgeglichen und ausgeschlafen, so dekoriert und jederzeit mit warmem Ringlichtschein schmeichelhaft ausgeleuchtet. Denn wenn wir bestimmte Dinge nur oft genug sehen, wieder und wieder, bei jedem Blick aufs Handy, dann speichern wir sie irgendwann – wenn auch nur unbewusst – als „normal" ab. Als eine Art Standard, den es zu erfüllen gilt, wenn man alles richtig machen möchte. Wer das nicht schafft, hat versagt. Es ist die unsichtbare Video- oder Bildbeschreibung jedes einzelnen dieser sechs Millionen Beiträge: „Bei dir sieht es nicht so aus wie auf diesem Foto? Dann machst du es falsch."

Erstaunlicherweise hatte ich keine Angst, irgendetwas falsch zu machen. Ehrlich nicht. Ich ließ mich auch nicht verunsichern von den Dingen, von denen ich keine Ahnung hatte. Im Gegenteil: Ich war hoch motiviert! Angestachelt, es nicht nur genauso schön zu machen, sondern besser. Und zwar alles davon. Ich hatte noch nie ein Talent fürs Kochen, aber für mein Baby würde ich es natürlich lernen. Für Inneneinrichtung und Dekoration habe ich keinerlei Gespür, aber natürlich würde auch ich das perfekte Kinderzimmer einrichten. Im Zweifel mit professioneller

Hilfe. Ich hatte mir bereits Fotos von Bento-Brotboxen mit Reishäppchen in Pandabär-Form abgespeichert, noch bevor eines meiner Kinder etwas anderes als Milch zu sich nehmen konnte. Apropos: Natürlich wollte ich stillen, und zwar genau so lange, wie die Expertinnen und Experten es empfehlen. Mindestens. So machen gute Mütter das schließlich. Steht zumindest in den Zeitschriften, die ich lese.

Ja, ich habe all diese perfekten Inszenierungen in mich aufgesogen, wissend gelächelt und gedacht: Alles klar, so werde ich das auch machen. Schließlich will ich das Beste für mein Kind. Mal im Ernst: Warum machen das nicht alle einfach so?

Wenn du bereits Mutter bist, dann hast du spätestens jetzt hoffentlich das erste Mal laut über mich gelacht. ❤

Gastautorin

Yvonne Küppers hat einen leiblichen Sohn und zwei Bonuskinder. Auf Twitter schreibt die Yoga-Lehrerin als @FrauBadbits über ihr Patchwork-Familienleben mit Mann, Hund und Kindern in der Eifel.

UNTERWEGS AUF INSTAGRAM

WIE ICH MIR „MUTTI-CONTENT“ UND EINE GEHÖRIGE PORTION MINDERWERTIGKEITSKOMPLEXE GEGÖNNT HABE

Hach. Muttis auf Instagram. Das sind die Muttis, die wir in WhatsApp-Gruppen hassen, mit denen wir ein oberflächliches Pläuschchen halten (natürlich nur über die lieben Kleinen und das Wetter), die wir insgeheim ein wenig beneiden und in unserer Wohlfühlbubble verachten. Das sind die, die noch im Kreißsaal direkt nach der Geburt top gestylt ein Selfie machen und sich dann ganz unironisch dafür entschuldigen, dass ihre Haare ein bisschen knotig sind, und hach, dieses Krankenhaushemd steht ihnen gar nicht, aber sie sind so glücklich. NEVER BEEN SO HAPPY BEFORE 😍❤️❤️❤️❤️

Ich hingegen lag da noch kreidebleich wegen des Blutverlustes, natürlich ungeschminkt und mit Haaren, die vom Schweiß noch die nächsten drei Tage so aussahen, wie sie aussahen, weil ich so lange nicht duschen konnte, und ließ mir ganz entspannt zwei Stunden die Vagina wieder zusammennähen. Ja, die Vagina. Ich verwechsle keine Wörter. Und so zieht sich der Kontrast irgendwie durch. Während die Insta-Muttis *anscheinend* keine Neugeborenen-Koliken kennen, keine Stillprobleme haben, ihr Körper nach sechs Sekunden wieder aussieht wie zuvor, das Baby immer glücklich in die Kamera lächelt, die Muttis nie vollgekackt, -pisst oder -kotzt werden, alle ihre Bestiiiiiies natürlich zeitgleich auch so wunderbare Babys bekommen, die nicht zahnen, weil die Zähne einfach plötzlich da sind, ohne durchgemachte Nächte, und die Kinder sind auch nie krank und … Warte, wie fing das Ganze noch an? *Anscheinend*.

Und da möchte ich kotzen.

Nicht weil ich ihnen diese perfekte Schwangerschaft, Geburt, Wochenbett-, Baby-, Kleinkindzeit, was auch immer nicht gönne, sondern weil ich

ihnen schlussendlich einfach nicht glaube.

Ich glaube ihnen nicht. Jedes Kind hat mal Bauchweh oder Zahnweh oder eine Schnottnase, schläft mal ein bisschen schlechter, muss spucken, hat einen Wachstumsschub, nimmt Schubladen auseinander, malt irgendetwas an, fällt hin, hat mal keine Kleidung an, die perfekt matcht, grinst nicht den ganzen verfickten Tag so fröhlich, und nicht jede Mutter ist immer happy und ausgeglichen und selbstbewusst und weiß natürlich schon beim ersten Kind, wie der Hase läuft, kennt keine (Selbst-)Zweifel.

Es geht uns allen so.

Den einen mehr, den anderen weniger, und ich freue mich für jede, bei der es weniger ist, aber erzählt uns nicht, es wäre nie so und immer perfekt bei euch. Das möchten wir nicht sehen. Wir, die in unserem Chaos sitzen, mit fettigen Haaren, vollgekleckerten Klamotten und den Fragen, ob wir wirklich gut genug sind. Erzählt uns nicht, dass es euch nie so geht. Dann hören wir auch auf, euch zu wünschen, dass eure Ärmel beim Händewaschen nass werden.

Deal? 💙

DIE PERFEKTEN ALTEN ZEITEN
WIE IN MIR DAS BILD DER SUPERMOM ENTSTAND

Um fair gegenüber all den Insta-Moms zu bleiben: Meine Basis-Vorstellung einer „perfekten Mutter" hatte sich bereits in mein Unterbewusstsein gefräst, lange bevor es Social Media im Speziellen oder das Internet im Allgemeinen überhaupt gab. Da war zum einen natürlich meine eigene Mutter, die für mich – wie vermutlich für die meisten Kinder – das Maß aller Dinge war (und ist). Meine großartige Mutter, die wie selbstverständlich bei jeder Schulveranstaltung mit dabei war, mehr noch, sie mitorganisierte. Meine Mutter begleitete meine Klasse im vierten Schuljahr sogar eine ganze Woche mit auf Klassenfahrt, weil es in unserem kleinen Ort nicht genügend Lehrer oder Lehrerinnen dafür gab. Was mir damals nur logisch erschien („Mama hat ja Zeit"), wirkt vor dem Hintergrund, dass es mir selbst nicht einmal gelingt, zum Tag der offenen Tür an der Schule meines Sohnes zu erscheinen (dazu später in diesem Buch mehr), umso unglaublicher. Wenn ich als Kind früher aus der Schule kam (und das war natürlich bereits mittags der Fall und nicht, wie bei meinem Sohn, erst um 15.30 Uhr), dann stand ein frisch gekochtes Mittagessen auf dem Tisch. Fiel eine Stunde aus, dann musste ich nicht „in die Betreuung" oder auf eine andere Klasse aufgeteilt werden – ich ging einfach nach Hause. Denn wann immer ich vor der Tür stand: Meine Mutter war da. Dabei war es noch nicht einmal so, dass sie nicht arbeitete, im Gegenteil: Nachdem meine große Schwester und ich eingeschult waren, machte sie sich selbstständig, arbeitete von zu Hause aus in ihrem kleinen Büroraum und verkaufte Zeitungen am Telefon.

„Wenn Mama telefoniert, nicht stören", lautete die goldene Regel, und an die hielten wir uns.

Dass ihre Arbeitszeit vermutlich fünf bis zehn Wochenstunden umfasste und nicht 25 bis 35 und dass es diese Unterschiede überhaupt gibt und was sie für das eigene Einkommen und das Familienkonto bedeuten – all das sieht man als Sechs- und auch als Acht- oder Zwölfjährige nicht. Was ich sah, war: Ich habe eine Mutter, die beides macht. Arbeiten und auf Klassenfahrt fahren. Geld verdienen und Mittagessen kochen. Job und Familie. Und sie machte es gut.

Zum anderen war da die Werbung. Viel Werbung. Dabei habe ich als Kind gar nicht übertrieben viel ferngesehen, wirklich nicht. Es war nur so, dass einfach jede Sendung im linearen Fernsehen durch verdammt viel Werbung unterbrochen wurde (und immer noch wird). Eine Tatsache, die ich meinen von Netflix und Disney+ geprägten Kindern nur schwer begreiflich machen kann, wenn wir zum Beispiel das Finale von LEGO Masters auf RTL schauen und sie ungeduldig werden, weil ich die Werbeblöcke nicht einfach „vorspulen" kann ... Aber zurück in die Achtziger und Neunziger: Kaum jemand wurde zu dieser Zeit im deutschen Fernsehen mehr beworben als die (perfekte!) Hausfrau und Mutter. Faszinierenderweise war ich schon im Grundschulalter recht anfällig für die Botschaften, deren Zielgruppe ich noch längst nicht war. Und so formten die wiederkehrenden TV-Abende samt ihrer Werbeunterbrechungen in mir die Wunschvorstellung eines späteren Mutter- und Familienlebens mit durchgängigem Zott-Sahnejoghurt-Weekendfeeling, alle Familienmitglieder gekleidet in Megaperls-weiße Strahle-Wäsche, auch an den Kindergeburtstagen, zu denen es Benjamin-Blümchen-Sahnetorte und einen ganzen Meter Mini-Wini-Würstchenkette für Karl, Annette und jedes andere Kind geben sollte, mit stets leer getrunkenen Kaffeetassen für die Eltern, weil meine Aufbrühkünste einfach die Krönung wären, und während in anderen Familien noch Villabajo-mäßig geschrubbt würde nach einem solch ausschweifenden Fest, wäre mein kleines Heim bekannt als das Villarriba der Umgebung, in dem immer gefeiert wird und es trotzdem stets blitzesauber ist.

Ja, so hatte ich mir meine Zukunft ausgemalt in meiner Kindheit. Ach so, dabei wollte ich – natürlich! – arbeiten und eigenes Geld verdienen, wie meine Mutter. Dass das easy geht und man trotzdem noch jeden Tag mit seinen Freundinnen zusammensitzen und Cosmopolitans zum Mittag-

essen trinken kann, bestätigte mir wenige Jahre später ziemlich nachdrücklich dann auch meine Lieblingsserie „Sex and the City“: Das größte Problem für Anwältin Miranda Hobbes war es, dass sie aufgrund ihrer Elternschaft nicht den gewünschten Posten als Partnerin der Kanzlei bekam. Eine Stelle, die die Spitze der Karriereleiter darstellt und vermutlich eine 60- bis 80-Stunden-Arbeitswoche beinhaltete, war das Limit für die junge New Yorker Mutter. Die gedankliche Transferleistung, dass ich gerade Zuschauerin einer fiktiven Serie war und dass in Wahrheit schon eine 20- oder 25-Stunden-Woche mit Kind eine organisatorische Katastrophe darstellen kann, die gelang mir als Teenagerin nicht.

Wenn ich meine Vorstellungen des perfekten Mutterlebens, die sich in meiner Kindheit und Jugend manifestiert haben, mit der heutigen Realität abgleiche, dann kann ich immerhin feststellen: Zwei Dinge von meiner randvollen How-to-be-perfect-Liste haben geklappt. Ja, ich bin eine Working Mom. Und an Kindergeburtstagen serviere ich besonders gern die fertige Benjamin-Blümchen-Sahnetorte aus dem Tiefkühler. ❤

Gastautorin

Corinna Bäck ist Kommunikationstrainerin aus Strande in Schleswig-Holstein. Sie hat drei Enkelkinder und zwei Töchter. Die jüngere davon ist die Autorin dieses Buches.

WIE DIE TOCHTER, SO DIE MUTTER
WIE AUCH ICH EINE PERFEKTE MUTTER SEIN WOLLTE

Natürlich wollte ich eine gute Mutter sein. Nicht nur gut, sondern perfekt! Damals, 1981, war es noch selbstverständlich, dass ich als Abteilungsleiterin meinen Beruf mit dem ersten Kind aufgab. Teilzeit-Führung, Doppelspitze, Homeoffice für Angestellte waren noch Fremdwörter. Also wurde das „Projekt Kind“ liebevoll geplant. Bestens vorbereitet mit der Schwangerschaftsscheibe aus einer Elternzeitschrift, ging es brav in die Flitterwochen, und neun Monate und fünf Tage nach der Hochzeit kam pünktlich das erste Töchterchen zur Welt. Ja, ich habe viele Elternratgeber, Zeitschriften und Bücher gelesen. Vielleicht zu viele. So war mein Umfeld leicht irritiert, dass jeder Besuch jedes Mal die Hände mit Sterillium abreiben musste, ehe unser wundervolles Baby hochgenommen werden durfte. (Ich bewundere heute die Geduld und Toleranz vor allem meiner Schwiegermutter, die auf dem Lande ganz anderes gewohnt war.) Auch das ständige Abkochen aller Dinge im Umfeld hat einfach nur viel Arbeit gemacht und vielleicht sogar für eine Allergieanfälligkeit gesorgt. Ich hatte es sicher gut gemeint.

Bei der zweiten Tochter war ich zum Glück schon etwas entspannter, und es klappte so weit alles mit zwei Kleinkindern, auch ohne Großeltern oder andere Betreuung. Allerdings empfinde ich diese Zeit noch heute als „intensiv“. Eine charmante Beschreibung dafür, dass ich mich noch gut daran erinnern kann, wie groggy ich häufig war. Das hätte ich damals nie zugegeben. Da war so eine Art Mutterstolz, der mir auch gebot, immer alles zu geben. Da es in unserer Zeit selbstverständlich war, zu Hause zu bleiben, kam es für mich damals auch nicht infrage, die Kinder in die Krippe zu geben. So kamen die Mädchen erst mit drei Jahren zweimal die Woche drei Stunden in den Kindergarten zum Spielen. Und ich

hatte ein ungutes Gefühl, dass ich meine Kinder „abgegeben“ hatte. Am liebsten hätte ich mit der Erzieherin jeden Tag diskutiert, damit sie auch alles in meinem Sinne macht. (Die Arme, ich weiß heute noch ihren Namen). Heutzutage erlebe ich, wie großartig sich meine drei Enkelkinder entwickeln, die selbstverständlich alle bereits mit einem Jahr in die Kita gegangen sind. Ich bewundere beide tollen Töchter, die erfolgreich Beruf und Familie managen. Sie schaffen es, achtsam und bewusst auch ihren Freiraum zu leben. Meistens. Immerhin.

Nach Umzug und mit zwei kleinen Kindern blieb als Einstieg ins Berufsleben der Sprung ins kalte Wasser der Selbstständigkeit im Homeoffice. Weil der Energieräuber Perfektionismus auf eine Mama traf, die ihren Job im Telefonmarketing auch top machen wollte, passierten Dinge, die mir heute die Schamesröte ins Gesicht treiben. Bin ich nicht eine besonders schlechte Mutter gewesen, wenn die Anordnung „Kein Zutritt ins Arbeitszimmer, wenn Mama telefoniert!“ dazu geführt hatte, dass eine tapfere Achtjährige mit blutendem Finger vor der Tür wartete, bis ich aufgelegt hatte? Disziplin ist sicher eine Tugend, die beiden Töchtern bei ihrer Selbstständigkeit entgegenkommt, allerdings gilt es zu lernen, dass wir es eben nicht allen gleichzeitig recht machen können. Auch ich lerne stets dazu.

PS: Das mit der perfekten Familienplanung hatte auch seine Grenzen. Kind Nummer zwei sollte gern ein Junge werden und auf keinen Fall im Dezember kommen – wir freuen uns über unsere zweite Tochter riesig, die kurz vor Weihnachten geboren wurde. Das Zimmer für ein geplantes Kind Nummer drei wurde vielseitig anders genutzt, nur nicht als Kinderzimmer, da es bei zwei Töchtern blieb. „Was kommt, wird gewickelt!", war der Lieblingsspruch meiner Hebamme. Und wie es kam, war es perfekt.

HOCHMUT KOMMT VOR DEM FAIL

WIE ICH VERSTAND, DASS ICH NOCH NICHTS VERSTANDEN HATTE

Ich habe lange überlegt, welcher Einstieg für dieses Kapitel am ehesten der Wahrheit entspricht. Dieses Kapitel, in dem ich zugeben werde, dass ich keine perfekte Supermom geworden bin. Also zumindest nicht in dem Sinne, den ich selbst bislang darunter verstand. „Die Erkenntnis kam schleichend" trifft es nicht, denn das würde ja bedeuten, dass sie sachte, sanft, gar liebevoll in mein Leben trat. „Die Erkenntnis traf mich wie ein Schlag" passt aber auch nicht, denn es war beileibe nicht nur *ein* sinnbildlicher Schlag, der meine pastellfarbenen Träume vom Elterndasein an der harten Kante der Wickeltischkommode zerschellen ließ. Nein, es war eher wie ein unerwarteter Meteoritenhagel mit einer nicht enden wollenden Anzahl an kleineren, größeren und sehr großen Einschlägen der Erkenntnis, die schon während der Schwangerschaft auf mich einprasselten, jeder einzelne mit einer emotionalen Wucht, auf die mich kein Elternratgeber dieser Welt hätte vorbereiten können. Natürlich hatte ich von den Hormonen gelesen und von den Stimmungsschwankungen auch. „Stimmungsschwankungen" – was für ein harmloses Wort, oder? Bei dem Verb „schwanken" denke ich an ein kleines Segelboot, das bei leichtem Seegang niedlich auf und ab wippt, bevor es zurück in den sicheren Hafen schippert.

Es war nicht niedlich, als ich mit einer dieser „Stimmungsschwankungen" heulend über der Babywäsche zusammenbrach, weil ich nicht wusste, wie genau ich die ersten Strampler meines noch ungeborenen Kindes nun zu waschen habe, um nicht schon vor der Geburt alles falsch zu machen. Und irgendwann (recht schnell sogar) waren auch die unkontrollierbaren Tränen nicht mehr niedlich. Ich meine nicht die, die vor Glück fließen, wenn man auf das Ultraschallbild seines Babys blickt oder weil man gerade das erste Mal eine winzig kleine Bewegung gespürt hat. Und ich meine auch nicht die, die einen übermannen, weil man erschöpft vom Tag mit dicker Babykugel ist, weil man sich das alles einfacher vorgestellt hatte, weil der eigene Körper sich plötzlich so komisch fremd anfühlt oder weil man es an der Bushaltestelle nicht schafft, sich den gelösten Schnürsenkel allein wieder zu einer Schleife zu binden – ganz im Ernst: Diese Tränen sind alle legitim! Ich meine die sinnlosen Tränen, die kommen, weil man eine besonders rührende Werbung gesehen hat. Für Zahnseide. Oder die, die fließen, weil man den DHL-Mann nicht richtig gegrüßt hat und sich den ganzen Tag Gedanken macht, ob er deswegen traurig ist.

Ja, ich war schon während der Schwangerschaft nicht mehr Herrin meiner Emotionen. Und nach der Geburt wurde das keinen Deut besser. Nur dass ich nun zusätzlich die Emotionen des kleinen großartigen Bündels Mensch, das aus mir herausgekommen war, mit handeln sollte. Das gelang mir erstaunlich schlecht, da unser Sohn viel (wirklich viel!) weinte, allein vor dem Schlafengehen immer mindestens eine Stunde am Stück, eher länger, bevor er (vermutlich aus Erschöpfung) in meinen Armen wegschlummerte. Ich erinnere mich noch genau an den Moment, in dem ich dachte: „Oh, so ist das also, wenn das Kind mal längere Zeit am Stück wach ist, ohne zu weinen!" Da war er mehrere Wochen alt. Das Busfahren mit Baby und die Sorge vor einem erneuten Schreianfall seinerseits vor all den anderen Mitfahrenden bereitete mir teilweise solche Panik, dass ich mir angewöhnte, Strecken unter fünf Kilometern zu Fuß zu gehen. Was ich mir natürlich schönredete, denn Bewegung und frische Luft tun ja so gut. Tun sie wirklich, aber bei Regen und/oder unter Zeitdruck hätte ich einfach doch ganz gern den Bus genommen, wie jeder normale Mensch. Nur dass eben nichts mehr normal war – geschweige denn perfekt.

Heute kann ich zugeben: Ich war in den ersten Monaten so sehr davon überwältigt, mit meinem neuen Leben, mit unserem neuen Leben, überhaupt klarzukommen, dass für so etwas wie „Perfektion“ nie eine Chance bestanden hat. Ich lese so häufig Witze darüber, wie Eltern beim ersten Kind noch ein liebevolles Baby-Album mit Fotos und Notizen zum ersten Wort, zum ersten Brei, zu den ersten Schritten angelegt haben – und beim zweiten und dritten Kind dann nicht mehr. Ich war so sehr mit dem puren Klarkommen beschäftigt, ich habe das nicht einmal beim ersten Kind geschafft. Das Baby-Album, in dem nichts klebt außer den Ultraschallbildern, steht jetzt seit neun Jahren im Schrank. Direkt neben dem DIY-Fußabdruck-Set. Ob da ausreichend Gips für Schuhgröße 36 dabei ist, die mein Sohn mittlerweile trägt? Ich glaube, diese Woche hätten wir Zeit, es endlich zu machen. Obwohl ... Vermutlich doch nicht. Ach ja: Genau einmal habe ich es übrigens geschafft, den Babybrei für ihn selbst zu kochen. Ein. Einziges. Mal. Das Ergebnis hat er verschmäht.

Das große Problem war nur: So eindeutig die Zeichen von Anfang an auch waren – ich wollte es lange Zeit nicht wahrhaben. Ja, ich hatte schon in der Schwangerschaft erkannt, dass das alles irgendwie nicht so läuft, wie ich es mir detailreich ausgemalt hatte. Aber das hieß leider nicht, dass ich mich von meinem Plan, die beste Mutter der Welt zu werden, abbringen ließ. Vermutlich musste ich mich nur ein bisschen mehr anstrengen! Kann ja nicht so schwer sein, die anderen Mütter schaffen es doch auch, die posteten doch alle ihre tollen Babyfotobücher und Gips-Fußabdrücke, ihren selbst gekochten Brei und ihre selbst gehäkelten Mobiles, und dann noch diese tollen DIY-Beschäftigungs-Boards mit Erbsenrasseln und Fühl-Erlebnis-Feldern aus Stoff und Pappmaché. Die waren vom Erfüllen der Grundbedürfnisse ihres Kindes nicht so sehr eingenommen, dass sie ihre eigenen vernachlässigten, im Gegenteil, die schafften das alles und bastelten noch diese tollen Sachen – also musste es ja an mir liegen.

Ich hätte schon damals wirklich sehr gern gewusst, dass es nicht an mir lag. ❤

HAPPY BIRTHDAY TO THE DECORATION

WIE MIR AN SEINEM ERSTEN GEBURTSTAG DIE TISCHDEKO WICHTIGER WAR ALS MEIN EIGENER SOHN

Ich mache jetzt einen kleinen Zeitsprung zum ersten Geburtstag meines Sohnes. (Keine Sorge: Zu meinen zahlreichen Verfehlungen in seinem ersten Lebensjahr komme ich noch.) Dieser besondere Tag war ein Wendepunkt in meiner persönlichen Wahrnehmung von mir selbst als Mama. Am Ende des Tages habe ich einige bittere Tränen verdrückt, weil mir meine eigenen Prioritäten plötzlich so unglaublich unangenehm waren – und ich sie dringend ändern wollte.

Aber beginnen wir beim Anfang. Bei den „Save the Date"-Einladungen für die Geburtstagsfeier meines Sohnes. Natürlich ist es komplett albern, für einen ersten Geburtstag „Save the Date"-Einladungen zu verschicken: Die einzigen Menschen auf unserer Gästeliste waren Familienmitglieder und wussten ganz genau, wann unser erstes Kind, ihr erstes Enkelkind beziehungsweise ihr erster Neffe, geboren worden war. Niemand von ihnen musste Wochen zuvor an das Datum erinnert werden – sie kannten es. Aber ich hatte nun einmal auf Instagram (wo sonst?) diese süße Idee mit den Tierfiguren auf Schraubgläsern gesehen, die ich unbedingt nachmachen wollte und für deren Bastelei ich es tatsächlich schaffte, mir die ohnehin schon kurzen Nächte um die Ohren zu schlagen. Also verschickte ich zum ersten Geburtstag meines Sohnes nicht nur selbst gebastelte (na klar!) Einladungskarten, sondern bereits zwei Monate zuvor (sicher ist sicher!) eben auch selbst gebastelte Save-the-Date-Schraubgläser mit Glitzerkonfetti-Inhalt.

Am großen Tag selbst gab es dann – nebst der selbst gebastelten Tischdekoration – eine selbst gebackene Torte mit selbst gestaltetem Fondant-Dekor. (Ja, da waren noch Ambitionen vorhanden, die weit über den Kauf einer Benjamin-Blümchen-Tiefkühltorte hinausgingen!) „Unter dem Meer" war das Motto, das ich mir für den Tag überlegt hatte (warum auch immer), also strahlten Tisch, Deko, Tortenfondant und Servietten im tiefen Meeresblau, Papierfische baumelten von der Decke, und Krabben aus Pappmaché krabbelten über die Teller. Ja, ich hatte mich kreativ verausgabt, es sollte schließlich alles perfekt sein. Von jedem Detail machte ich Fotos, um den besonderen Tag für die Ewigkeit festzuhalten.

„Sein erstes Stück Torte, wie aufregend!", freuten sich die stolzen Großeltern. „Toll sieht die aus, fast zu schade zum Anschneiden", fanden sie, als sie das aufwendige Backwerk sahen. Natürlich schnitten wir sie trotzdem an. „Schoko-Kirsch!", stellte meine Mutter fest. „Schwarzwälder Kirsch", korrigierte ich. Und als ich es aussprach, merkte ich es selbst: Ich hatte zum ersten Geburtstag meines Sohnes eine Torte mit hochprozentigem Alkohol serviert. Mein Lieblingsrezept, das ich völlig selbstverständlich und ohne nachzudenken ausgewählt hatte, weil es immer gelang, weil alle es liebten. Und dessen Ergebnis nun von allen begeistert gegessen wurde – außer natürlich vom Geburtstagskind. Dem nahmen wir sein Kirschwasser-getränktes Stück Torte wieder weg und lenkten ihn mit Keksen und Bananenstückchen von der bunten Leckerei ab. „Das macht ihm doch nichts", beruhigte mich meine Mutter. Und damit hatte sie vollkommen recht. Aber mir machte es was. Wie kann einem denn so etwas passieren? Mir war tatsächlich kurz zum Weinen zumute, aber ich ließ mich schnell von der guten Laune des Geburtstagskindes wieder ablenken.

Am Abend, als die Gäste weg waren und unser Sohn bereits schlief, scrollte ich durch die Fotos des Tages. Warum hatte ich so viele Bilder von der Torte gemacht? Blöde Torte. Noch eine Ansicht der beknackten Torte. Dann die Tischdeko. Noch mal Tischdeko. Die Servietten. Die Papierfische. Die Luftballons. Der ganze Tisch. Jetzt die Scheiß-Torte auf dem Tisch. Die angeschnittene Torte. Ende.

Ende? Ich wischte und wischte, doch es kamen keine weiteren Fotos. Entsetzt ließ ich das Handy in meiner Hand sinken. Ich hatte es tatsächlich fertiggebracht, am ersten Geburtstag meines Sohnes jeden Mist zu fotografieren, von den ausgestanzten Fondant-Fischchen bis hin zu den überm Tisch baumelnden Luftballons. Nur vom Geburtstagskind selbst hatte ich kein einziges Foto gemacht. Und nun weinte ich doch noch. Was für eine dumme, oberflächliche Gans muss man sein, wenn einem die Tischdeko wichtiger ist als das eigene Kind? Okay, das war nun vielleicht ein wenig hart formuliert – aber im Ernst: Was sind denn das für beknackte Prioritäten?

Es gab im ersten Lebensjahr meines Sohnes viele, viele (Himmel, waren es viele!) Situationen, in denen ich gemerkt habe: Ich bin kein bisschen diese vermeintlich perfekte Vorzeige-Mutter, die ich mir in meiner Fantasie immer ausgemalt hatte. Aber an diesem Abend, nach einem Jahr Elternschaft und einer Kindertorte voller Kirschwasser, habe ich vermutlich das erste Mal realisiert: Ich will es auch gar nicht sein. ❤

BAD MOM?

EINMAL TIEF AUSRASTEN
WIE ICH ENTSCHIED, DASS ICH MEIN BABY IM RÜCKBILDUNGSKURS NICHT DABEIHABEN MÖCHTE

Dass mein wahres Mama-Leben niemals so werden würde wie im TV-Spot, hätte mir spätestens im Rückbildungskurs klar werden müssen. Bevor ich das erste Mal die heiligen Hallen des Beckenbodentrainings betrat, hatte ich Bilder im Kopf von strahlenden Mamis in pastellfarbenen Leggings aus der neuesten Kate-Hudson-Fabletics-Kollektion. Vor der Sporteinheit bewundern sie gegenseitig ihre großartigen, sanft schlummernden Babys. Und obwohl sie während der athletischen Übungen ihrem eigenen Liebling immer wieder ins Gesicht lächeln, um ihm zu vergewissern: „Mami ist hier, und Mami liebt dich!“, so schaffen sie es doch, sich voll und ganz auf sich und auf ihren Körper zu konzentrieren, um nach den Strapazen der Geburt endlich Zeit und Raum zur Heilung zuzulassen, bewusst zu atmen, überhaupt: bewusst zu existieren. Sie lassen es sich gutgehen, tun etwas für sich, für ihren Beckenboden im Speziellen, für ihren ganzen Körper und ihren Geist im Allgemeinen. Nach dem Kurs drücken sie ihr Baby an sich und marschieren voller neuer Energie in den restlichen Tag, die ganze restliche Woche, bis sie sich zur nächsten Einheit wieder hier treffen werden.

Mir hat der Rückbildungskurs keine Energie gegeben. Im Gegenteil. Schon das Anziehen einer Sportleggings raubte mir so ziemlich alles an ohnehin schon weniger Kraft nach einer durchwachten Nacht mit Neugeborenem. Viel schlimmer aber waren die Übungen an sich, deren Umsetzung für mich an die Grenzen des Möglichen stieß. Ich kam mir vor wie eine, die nicht mit den Ohren wackeln kann, sich aber ungehindert dessen frohen Mutes zum sechzigminütigen Gruppenohrwackeln angemeldet hatte. Vorsichtshalber gleich per Zehnerkarte.

Aber von vorn. Ich bemühte mich wirklich sehr, meinen Beckenboden zu „erspüren“, doch ich spürte: nichts. Ich konnte mit dieser sagenumwobenen Muskelkombination auch keinen „Fahrstuhl fahren" und keine „Blumenwiese leer pflücken". Und auch die Vorstellung, dass meine Sitzbeinhöcker (von denen ich immerhin wusste, wo genau an beziehungsweise in mir sie sich befanden) Taschenlampen seien, die in alle Richtungen kreisend leuchten, wollte mein Körper einfach nicht in eine sinnvolle Bewegung umsetzen. Erschwerend kam hinzu, dass ich mich ausgerechnet für einen Rückbildungs-Yoga-Kurs angemeldet hatte, ohne Ahnung von Yoga zu haben. Also half es mir auch nicht weiter, dass wir zwischen dem Fahrstuhlfahren und Blumenpflücken in (oder für?) unsere „Chakren" atmeten (was zum Geier ist ein Chakra? Ist das bei der Geburt auch kaputtgegangen?), um uns zu entspannen.

Die Unzufriedenheit und das Entsetzen über mein eigenes rückbildungssportives Unvermögen sorgten nicht nur dafür, dass ich von der ersten bis zur letzten Minute jeder einzelnen Kurseinheit übertrieben nervös war, sondern – natürlich – auch mein Sohn. Klar merkte der, dass ich über das erfolglose An- und Entspannen von Körperregionen, die ich bislang noch gar nicht gekannt hatte, zunehmend verzweifelte, und verzweifelte (wie empathisch von ihm!) quasi synchron mit.

Ich schwöre, ich hätte das wirklich alles wahnsinnig gern gelernt. Also, das Fahrstuhlfahren und Blumenpflücken, sogar das Taschenlampenleuchten. Aber in der Sekunde, in der mein Sohn brüllend vor mir lag, weil er sich unwohl fühlte (weil ich mich unwohl fühlte), war jede Chance vertan, mich diesem Lernprozess konzentriert zu widmen. Ich konnte das einfach nicht: mich auf mich selbst konzentrieren, aufmerksam zuhören, neue Dinge lernen und nebenher noch nonchalant mein Baby betreuen, als wäre das die selbstverständlichste

Nebensache der Welt, die ich in der Sekunde erlernt hatte, in der er mir im Kreißsaal in den Arm gelegt wurde. Das hatte ich nicht. Also verbrachte ich meinen ersten Rückbildungskurs fast ausschließlich damit, meinen Sohn zu beruhigen. Und die Tage zwischen den Einheiten damit, mich zu beruhigen, dass es schon nicht so schlimm sei, dass ich kaum eine der Übungen mitmachen konnte.

Als ich zum zweiten Mal Mutter wurde, fällte ich deshalb eine Entscheidung: kein Rückbildungskurs mit Kind! Stattdessen wählte ich ein Angebot, bei dem mein Baby während der Einheit betreut werden würde. Zusammen mit den anderen Kindern, in einem anderen Raum, außer Sichtweite von uns Müttern. „Wer passt denn dann auf die Kleine auf?“, fragte mich eine Mutter aus der Kita meines Sohnes. Und ich musste zugeben: Mehr als den Vornamen der freundlichen Dame wusste ich nicht. Dafür wusste ich schon in der zweiten Einheit endlich, wo genau eigentlich mein Beckenboden sitzt. Und in der Woche darauf fuhr ich bereits Bindegewebe-Fahrstuhl wie ein Profi.

Ja, durch diese Entscheidung konnte ich meine Tochter während der Einheiten nicht glückselig anlächeln. Aber das hatte bei meinem Sohn ja auch nicht funktioniert. Dafür lächelten wir beide nach dem Kurs umso ehrlicher, wenn ich sie aus der Kinderbetreuung abholte – voller Energie für den restlichen Tag. ❤

MILCH. GEFÜTTERT, NICHT GESTILLT

WIE ICH VERSTAND, DASS STILLEN FÜR MICH LEIDER NICHT DIE NATÜRLICHSTE SACHE DER WELT IST

Stillen ist das Beste fürs Kind, also muss eine gute Mutter ihr Baby stillen, je länger, desto besser. Ich weiß, dass der erste Teil dieses Satzes stimmt, und ich war lange, lange Zeit felsenfest davon überzeugt, dass der zweite Teil deshalb auch eine unumstößliche Wahrheit ist.

Also habe ich meine Kinder gestillt. Und ich hatte das Glück, dass die Milchproduktion bei mir kein Problem war. Bei allem, worüber ich mich im Folgenden beschweren werde, ist mir daher wichtig zu betonen: Ich weiß, dass es viele, viele Frauen gibt, die sich gewünscht hätten, dass ihr Körper die Menge an Milch produziert hätte, über die ich mich gleich (unter anderem) aufregen werde. Ich bin trotzdem der Meinung, dass dieser Text in dieses Buch gehört, weil uns eines eint: Wir haben uns nicht wohlgefühlt. Ich zumindest habe mich gefragt, warum es bei den anderen so leicht aussieht. Warum bekommen die das offenbar problemlos hin, während bei mir jede einzelne Milchmahlzeit ein kleiner Kampf war?

Ich habe nicht gern gestillt. Ich habe sie einfach nicht gespürt, diese unbeschreibliche Verbindung zwischen Mutter und Kind, die dabei entstehen soll. Oder ehrlicher formuliert: von der ich annahm, dass sie dabei entstehen müsse. Weil mich in warmes Babyblau getauchte Werbekampagnen und inszenierte PR-Aufnahmen von Promi-Eltern immer hatten glauben lassen, dass das ganz automatisch entstünde, dieses besondere Band, das es nur zwischen einer stillenden Frau und dem Baby an ihrer Brust gibt. Natürlich gab es Momente, die auch ich wunderschön fand. In denen ich ganz entspannt den Augenblick genießen und mein großartiges Baby beim glückselig glucksenden Trinken beobachten durfte. Aber die waren die Ausnahme.

In den allermeisten Fällen überwog der Schmerz der entzündeten Brustwarzen. Oder die Frage, wann mein Sohn endlich fertig sein würde, denn er trank nicht nur oft, sondern auch immer sehr lange, selten unter einer halben Stunde. Und das stets in Positionen, die für mich sehr unangenehm waren. Zu den schmerzenden Brustwarzen gesellte sich daher schnell ein schmerzender Rücken. Es sei denn, ich schaffte es, mich zum Stillen hinzulegen. Und schon nach wenigen Wochen war der Schmerz im unteren Rücken so stark, dass das Stillen im Liegen die einzige Option blieb. Was wiederum bedeutete: Sobald ich das Haus verließ, musste ich so planen, dass jederzeit die Möglichkeit bestand, mich mal eben 30 Minuten lang irgendwo ungestört hinzulegen und meine Brust auszupacken. Gelang das nicht (und, Überraschung, das war oft!), wurde erst mein Sohn quengelig, nervös und angespannt und direkt daraufhin ich. Er weinte und schrie, ich beruhigte und wippte (wahlweise die Babytrage oder den ganzen Kinderwagen), wurde dabei vor peinlicher Nervosität immer lauter („NUN BERUHIG DICH DOCH ENDLICH, SCHÄTZCHEN, ES IST JA ALLES GUUUT, MAMA IST DAAAAA, SCHHHH!") und zog vor allem durch meine eigene Lautstärke unvermeidlich die Blicke im Bus, im Park oder wo auch immer auf uns, wodurch wir beide innerhalb kürzester Zeit exakt die Sorte Mutter-Baby-Gespann abgaben, die ich nie hatte werden wollen.

Eine (völlig durchgeknallte, ich weiß) Lösung hätte natürlich sein können, dass wir beide einfach nie so lange das Haus verlassen, dass ich mein Kind unterwegs stillen muss. Aber auch das hätte nicht viel geändert – denn selbst das Stillen in den eigenen vier Wänden machte mich wahnsinnig. Wenn Besuch da war, sowieso, denn ich gehörte nie zu den Frauen, die mitten im Gespräch lässig ihre Brust aus dem T-Shirt ziehen und einfach „nebenher" ihr Kind stillen konnten. Ich brauchte dafür immer Ruhe, volle Konzentration und vor allem: Privatsphäre! Aber auch an den Tagen, an denen nur mein Sohn und ich zu Hause waren, gehörte das Stillen zu den Dingen, die mir von Tag zu Tag mehr zuwider wurden. Weil es meinen Tagesablauf unkontrollierbar bestimmte. Weil es mir meine Kleiderwahl diktierte. Weil ich es gedanklich schon mit

Schmerzen verband, bevor es überhaupt losging. Weil die Schmerzen dann aber auch so gut wie jedes Mal wirklich einsetzten. Weil überall an und auf mir und meiner Kleidung und in meinen Haaren die verkleckerte Milch klebte, die frische von heute und manchmal (oder ehrlicherweise: meistens) auch die alte, bissig stinkende von gestern oder letzter Woche, weil ich mal wieder nicht geduscht oder Wäsche gewaschen hatte. Nein, nichts von alledem war so, wie ich es auf den Fotos in den Elternmagazinen gesehen hatte. Nichts war so, wie ich es mir vorgestellt hatte.

Also tat ich etwas, das jeder „Das Beste für Ihr Baby"-Empfehlung widersprach: Als mein Sohn drei Monate alt war, und obwohl meine Brüste schmerzhaft prallvoll mit frischer Muttermilch waren, machte ich mich auf in die Drogerie und kaufte zum ersten Mal Pre-Milch. „Nur für den

Fall der Fälle", sagte ich mir selbst. Und packte für die an diesem Tag anstehende Busfahrt die fertig gemischte Milchmahlzeit samt abgekochtem Fläschchen in meine Wickeltasche. Faszinierenderweise sorgte allein das Wissen, dass sich diese Notfalloption in greifbarer Nähe befand, dafür, dass ich mit einem völlig anderen Gefühl als sonst in den Bus stieg. Ich fühlte mich entspannter. Beruhigter. Weniger beobachtet.

Ich brauchte das Fläschchen auf dieser Busfahrt gar nicht. Und auch auf der Rückfahrt nicht. Weil mein Sohn gar nicht quengelig und nervös wurde, wie sonst auf den meisten Busfahrten. Vielleicht war das ein Zufall, so wie bei dem vermeintlichen Regenschirmphänomen: Wenn man dran denkt, einen mitzunehmen, regnet es sowieso nicht. Wahrscheinlicher aber ist: Mein Sohn war entspannt, weil ich entspannt war. Was mich wiederum zu der Erkenntnis bringt: Eventuell war es gar nicht immer der Hunger, der ihn zum Schreien brachte – sondern sein empathisches Co-Verzweifeln, das ich schon aus dem Rückbildungskurs

kannte. Vor lauter Sorge, er könne auf der Fahrt Hunger bekommen, war ich ja schon beim Einsteigen in den Bus mit jeder Zelle meines Körpers im angespannten „Bitte, bitte, bloß nicht weinen, weil ich wirklich überhaupt nicht weiß, was ich dann machen soll"-Modus.

Also hatte ich ab jetzt immer ein Fläschchen dabei. Und plötzlich keine Panik mehr davor, mit meinem Sohn unterwegs zu sein. Bekam er Hunger, musste ich nicht mehr hektisch nach einer passablen Liegefläche für uns suchen, auf der ich ihn die kommende halbe Stunde stillen konnte. Ich zückte das Fläschchen (und hatte das große Glück, dass er es nach einer kurzen Phase der Irritation auch recht schnell als Brustsubstitut akzeptierte), er beruhigte sich, und ich regte mich gar nicht erst auf.

Nun wartete ich auf das schlechte Gewissen. Das schlechte Gewissen, dass ich es „nicht geschafft" hatte. Dass ich mich entgegen der Empfehlung, meinem Kind so lange und so viel Muttermilch wie irgend möglich zu füttern, immer häufiger für die Lösung aus dem Fläschchen entschied. Die Lösung, die nicht „das Beste fürs Baby" war.

Doch das schlechte Gewissen kam nicht. Auch dann nicht, als ich (früher als allgemein empfohlen) komplett abstillte. Was kam (und blieb), war die Erleichterung, dieses Kapitel des Elterndaseins hinter mir gelassen zu haben. Und das Gefühl, dass diese Entscheidung auf jeden Fall das Beste für mich gewesen ist – und damit ganz sicher auch für mein Baby.

PS: Das Thema Stillen ist ein so umfangreiches, dass es gerade in den allerersten Tagen und Wochen überwältigend sein kann. Das, was ich hier beschrieben habe, ist meine eigene, ganz persönliche Stillgeschichte. Für mich war das Fläschchen ein Happy End. Das heißt aber nicht, dass mein Happy End auch dein Happy End sein muss – im Gegenteil! Vielleicht hat das Stillen bei dir wunderbar funktioniert, und das Abstillen und/oder die Umstellung aufs Fläschchen war für dich der schwere Teil. Oder vielleicht wolltest du sowieso nie stillen und musstest dich deshalb mit doofen Kommentaren aus deinem Umfeld herumplagen. Vielleicht

hattest du es ganz unbedingt vor, und es hat leider nicht geklappt. Mit meinem Text will ich auf keinen Fall aussagen, dass mein Weg der einzig richtige ist (Himmel, ich kann ja nicht einmal allein meinen eigenen Beckenboden finden, wie sollte ich da Stilltipps geben können?)! Was ich damit aber unbedingt loswerden wollte, ist: Es ist gut möglich, dass gerade das Stillen nicht so abläuft, wie du es dir vorgestellt hast. Und dann ist es meiner Ansicht nach vollkommen okay (und sogar richtig und wichtig), sich von der perfekten Vorstellung zu lösen – und den Weg zu gehen, der weniger Krampf und Kampf und mehr Entspannung bedeutet. Für dich und für dein Baby. ❤

Christina Meyer ist Anwältin und Mutter einer dreijährigen Tochter. Über ihr Berufs- und Familienleben berichtet sie als „Pöbeline“ auf Twitter und Instagram.

JEDE MAMA KANN SCHLAFEN LERNEN

WIE ICH MICH VOM GEDANKEN DES ELTERNSCHLAFZIMMERS VERABSCHIEDETE

Unser Kind ist drei Jahre alt und schläft in unserem Bett. Eigentlich ist es nicht nur unser Bett, sondern auch sein Bett. Unser aller Bett.

Bevor ich schwanger war, hatte ich bereits eine genaue Vorstellung davon, wie und wo mein zukünftiges Kind schlafen sollte. Nach der Geburt sollte das Neugeborene in einem kleinen Beistellbett neben mir liegen. Wenn das Baby dann sechs Monate alt wäre, würde ich das Beistellbett an die gegenüberliegende Wand im Schlafzimmer stellen. Länger als sechs Monate konnte man den Eltern schließlich nicht zumuten, zusammen mit einem Baby das Bett zu teilen. Dann würde so ein Baby ohnehin bestimmt durchschlafen.

Ich wurde schwanger und blieb bei meinem Plan. Irgendwann kaufte ich ein superschönes Beistellbett. Als ich runder wurde, bauten wir es zusammen und befestigten es an unserem IKEA-Bett. Wir waren vorbereitet.

Worauf ich allerdings nicht vorbereitet war, war, tatsächlich ein Baby zu haben. Als ich nach der Geburt auf mein Zimmer geschoben und mein Baby in seinem Beistellbett neben mein Krankenbett gestellt wurde, war alles anders. Schon in der ersten Nacht im Krankenhaus nahm ich das Baby von der kleinen Matratze des Beistellbetts und legte es direkt neben mich. Es störte mich nicht, es direkt neben mir zu haben. Vielmehr beruhigte es mich sogar. Die Mutter, die mit mir zusammen auf dem Zimmer war, machte es mit ihrem Neugeborenen genauso. Zu Hause würde das Kind dann in seinem wunderschönen Beistellbettchen schlafen.

So kam es natürlich nicht. Die erste Woche nach der Geburt konnte ich nicht gut aufstehen und nicht gut sitzen. Unser Bett war zu tief und zu weich. Weil es einfacher für mich war, schlief ich zusammen mit dem Baby auf dem Sofa im Wohnzimmer. Der Mann schlief solidarisch auf einer Matte auf dem Boden. Als wir nach der ersten Woche ins Schlafzimmer umzogen, schlief das Baby dann zwischen uns.

Die Monate zogen an uns vorbei, und das Baby wurde schnell zu groß für das Beistellbettchen, das wir ohnehin nicht benutzten. Ich musste einen neuen Plan schmieden.

So befand sich irgendwann im Einkaufskorb irgendeiner Website das nächstgrößere Beistellbett. Ich bestätigte den Bestellvorgang und lehnte mich zurück. Das war ein guter Plan. Aber wieso fühlte es sich nicht gut an? Ich bekam Panik. Ich wollte dieses Bett nicht. Ich wollte nicht, dass unser Kind in einem eigenen Bett schläft. Ich war nicht bereit, dieses „Trennungsding“ durchzuziehen, der Plan fühlte sich falsch an. Ich wusste, wenn ich ehrlich zu mir war, ich wollte am liebsten „so ein riesiges Familienbett“ haben.

Doch ich wusste auch, dass es irgendwie als unnormal angesehen wird, wenn Kinder so lange im Elternbett schlafen. Es wird als unnormal angesehen, wenn das Paar nicht das Bedürfnis hat, das Schlafzimmer zur Erwachsenenzone zu erklären und alles Babymäßige aus dem Raum zu verbannen.

In meinem Kopf baute sich also ein neuer Plan auf. Das Baby sollte ja schließlich nicht für immer bei uns „im heiligen Elternschlafzimmer“ schlafen. Mit einem oder zwei Jahren sollte das Baby ins eigene Bett im eigenen Zimmer umziehen. Unter dieser Bedingung war das Familienbett für mich okay.

Unser Familienbett bestand aus drei Einzelbetten. Wenn das Baby ein oder zwei Jahre alt wäre, würde ich aus dem dritten Element ein Hausbett für das Kinderzimmer bauen mit entsprechenden Balken für dieses Hausbettdachdingens.

Die Zeit verging, das Baby wurde ein Jahr alt und war plötzlich ein Kleinkind. Wir schliefen weiter zusammen in unserem Riesenbett.

Irgendwann war das Kind dann zwei Jahre alt, die Außenwelt und mein daraus resultierendes Gefühl signalisierten immer dringender, dass das Kind nun wirklich ins eigene Zimmer umziehen musste.

Das Kind wurde älter und schlief weiter bei uns. Wir hatten alle genug Platz und schliefen die meiste Zeit ganz okay. Ich traute mich kaum, jemandem zu erzählen, dass das Kind immer noch jede Nacht wach wurde und uns oder zumindest mich dadurch mit aus dem Schlaf holte. Reaktionen darauf waren nämlich, dass natürlich das Familienbett schuld daran sei, weil man sich im Schlaf gegenseitig stören würde. Und wer war schuld am Familienbett? Natürlich ich.
„Manche Mütter können halt nicht loslassen", musste ich mir anhören.

Das Kind sammelte langsam immer mehr Zeug an, wir gaben das Arbeitszimmer unserer Dreizimmerwohnung auf und richteten dort endlich das Kinderzimmer ein. Hier sollte auch das Hausbett stehen. Ich bekam wieder einmal Panik. Wenn das Hausbett auf einmal im Kinderzimmer stünde und entsprechend im Schlafzimmer nur noch zwei Betten, wer konnte uns garantieren, dass der ruppige Übergang zum Schlafen im eigenen Zimmer funktionieren würde, ohne dass wir am Ende doch wieder alle zusammen im dann vier kleineren „Familienbett“ schlafen würden? Wir müssten wohl doch noch ein viertes Bett kaufen. Nachdem ich das entschieden hatte, ging es mir besser.

Ich kaufte auf eBay ein fertiges Hausbett samt Matratze. Alles war bereit, damit das Kind dort, im eigenen Zimmer, schlafen konnte. Der Mann freute sich, ich machte mir Sorgen. Ich redete mir ein, ich sei die Ursache dafür, dass das Kind noch nicht allein schlief. Ich müsste mich nur zusammenreißen.

Das Kind fand es tatsächlich cool, in seinem Bett zu sein, forderte allerdings: „Mama, du musst mit hier schlafen.“ Ich fasste den Plan, dass ich und das Kind also zusammen „üben“ würden, in diesem Bett zu schlafen, bis es dort schließlich allein schlafen würde. Ich nannte das ganze „Übernachtungsparty“ und schlief zusammen mit meinem Kind in dem 90-Zentimeter-mal-2-Meter-Bett, während der Mann allein im 2,40-mal-2-Meter-Bett schlief. War ja nur zur Eingewöhnung.

Nach drei oder vier Malen hatte ich keinen Bock mehr, in diesem kleinen Bett zu schlafen. Ich wollte mich in meinem großen, gemütlichen Bett ausstrecken, ohne permanenten Körperkontakt zum Kind. Gleichzeitig wollte ich nicht, dass das Kind nachts weinend zu uns käme. Das würde ich nicht verkraften. Also hörten wir auf damit – und schliefen wieder alle gemeinsam im Familienbett.

Einige Wochen später versuchte ich es noch ein paarmal. Ich legte mich mit dem Kind zum Einschlafen in sein Bett, las ihm Bücher vor, wir tranken Milch und kuschelten. Irgendwann fragte das Kind: „Wo ist Papa?“ Ich erklärte, dass Papa im großen Bett schlafen würde. Papa sei zu groß für das kleine Bett, hier würden nur wir beide reinpassen. Das Kind überlegte. „Mama, ich will in das große Bett, wenn Papa nicht in das kleine Bett passt." So lief es bei jedem Versuch. Immer wenn es endlich ans Einschlafen ging, wollte das Kind, dass wir alle zusammen sind. Und ich wollte das eigentlich auch. Ich gab den Plan auf. Es hätte bestimmt irgendwann geklappt, dass das Kind allein in seinem Zimmer schläft. Ein paar Nächte zusammen in einem 90 Zentimeter breiten Kinderbett, ein paar Nächte mit Tränen. Aber ich wollte das nicht. Der Mann wollte das nicht. Das Kind wollte das nicht.

Mich stört es nicht, abends neben dem schnarchenden Kind zu liegen. Es beruhigt mich. Wir gucken seit drei Jahren trotz schlafenden Kindes neben uns fern im Schlafzimmer, mit geringer Lautstärke und Untertiteln. Das ist völlig okay und stört

mich nicht. Ich freue mich sogar richtig darauf, abends dort im Schlafzimmer zu sein. Ich mag die ruhige, gemütliche Stimmung, das gedämpfte Licht, das Liegen auf dem Bett. Wenn das Kind aufwacht, kuschelt es sich an und schläft zufrieden weiter.

Ich genieße es, dass meine Liebsten und ich zusammen jede Nacht in einem Bett schlafen. Am Wochenende liegen wir oft noch ein, zwei Stunden rum, kuscheln, gucken fern und frühstücken Nutella-Toast oder Cornflakes. Alles im Bett. In unserem Familienbett – unserer Höhle, in der wir alle Platz haben. Und für uns fühlt sich das ganz und gar nicht „unnormal" an. 💙

ESSEN IST FERTIG! MAMA AUCH.
WIE ICH ZUM ERSTEN (UND ZUM LETZTEN) MAL DAS WEIHNACHTSESSEN SELBST ZUBEREITETE

Weihnachten ist das Fest der Liebe – und der gestressten Eltern. Dass hinter all dem Weihnachtszauber meiner Kindheit in Wahrheit viel heimliche Arbeit meiner Mutter (und natürlich auch meines Vaters) steckte, war mir – solange ich noch an den Weihnachtsmann glaubte, sowieso, aber auch später – lange Zeit nicht wirklich bewusst. Erst als ich selbst Mutter wurde, realisierte ich endgültig, dass die Adventskalendergeschenke sich natürlich nicht von selbst einpackten, dass irgendjemand die leuchtenden Lichterketten an jedem Fenster auf- und später wieder abhängen musste, dass so ein Weihnachtsbaum nicht nur geschmückt, sondern irgendwo (wo eigentlich?) auch gekauft und in den dritten Stock unserer Altbauwohnung ohne Fahrstuhl geschleppt werden musste. Aber das alles sind gebrannte Peanuts im Vergleich zu dem, was zum Heiligen Abend selbstverständlich von allen Erwachsenen am meisten erwartet wird: das festliche Weihnachtsessen.

Solange wir noch keine Eltern waren, sind mein Mann und ich an den Feiertagen „nach Hause" gefahren. Unabhängig davon, dass Hamburg bereits seit Jahren unser gemeinsames Zuhause war, verbrachten wir den 24., 25. und 26. Dezember bei meinen Eltern oder bei seiner Mutter, meistens beides irgendwie im Wechsel. Das bedeutete viel Fahrerei auf den vollen Autobahnen, aber eben auch stets ein fertig gekochtes Festtagsmenü, um das sich keiner von uns beiden zu kümmern brauchte. Als nun aber unser erstes Weihnachtsfest als Eltern bevorstand – unser Sohn war gerade neun Monate alt –, stand für uns fest: Wir bleiben zu Hause. In unserem Zuhause. Die Omas und den Opa würden wir dieses Mal zu uns einladen, es würde natürlich ein Festessen geben und einen selbst gemachten Nachtisch und tolle Getränke und Weihnachtsservietten sowieso, und wir würden alles genauso perfekt ausrichten, wie sie es sonst für uns getan hatten. (Okay, ich gebe es zu: Das alles wollte vor allem ich – mein Mann fügte sich nur liebevoll meinen Wunschvorstellungen.) Denn von allen Dingen, die ich als Mutter „perfekt" machen wollte, gehörte das Weihnachtsfest zu denjenigen, die mir besonders wichtig waren. Heiligabend war schon immer mein Lieblingsfeiertag, die Weihnachtstage danach auch, ach, eigentlich der ganze Dezember. Nun würde ich zum ersten Mal meinen Lieblingstag ausrichten, nicht nur für meine kleine frischgebackene, pardon, frisch überforderte Familie, sondern auch für die Menschen, die für die magischen Weihnachtsfeste in meiner eigenen Kindheit verantwortlich gewesen waren. Also legte ich mich ins Zeug: Ich besorgte eine ganze Gans, einen ganzen Rotkohl, eine ganze Menge Beilagen, die Zutaten für selbst gemachte Pannacotta und so kleine Deko-Waldtierchen, die ich auf meine (natürlich!) selbst gebackene Torte für das nachmittägliche Kaffeetrinken drapieren wollte. Jegliche Angebote meiner Schwiegermutter und meiner eigenen Eltern, von mitgebrachten Getränken bis zu hausgemachten Nachspeisen, lehnte ich ab: Ich brauche doch keine Hilfe! Ich mache das allein, ihr habt das ja früher auch ohne Hilfe gemacht, glaubt ihr etwa, ich schaff das nicht?

Also machte ich „es" allein. Nicht nur den ganzen Heiligen Abend, sondern auch den Heiligen Tag lang stand ich in der Küche, zerkleinerte Rotkohl, marinierte die Gans und tat andere Dinge, die ich zuvor noch nie getan hatte und die ich dementsprechend nicht beherrschte. Natürlich habe ich zwischen Rotkohlzerkleinern und Gansmarinieren unserem Sohn sein Fläschchen gegeben. Und erst ihn und dann mich umgezogen. Weil er erst sich selbst und dann mich vollgemilchspuckt hatte. Ach ja, währenddessen ließ ich beherzt die Pannacotta anbrennen, die ich ja unbedingt hatte selbst machen wollen. Während der Rest der Familie schließlich vor den Tellern saß, rannte ich zwischen Esstisch und Küche hin und her und sprach in regelmäßigen Abständen Mantra-ähnliche Verbote aus, auch nur daran zu denken, mir zu helfen. Ich wollte es perfekt machen, ich wollte es selbst machen, ich wollte es allein machen – und machte damit mich und alle anderen wahnsinnig.

Natürlich haben alle gesagt, dass das Essen ganz wunderbar schmeckt. Das tat es nicht. Die Gans war zäh, die Pannacotta ein einziger krustiger Klumpen, der Rotkohl matschig, also noch matschiger, als Rotkohl ohnehin schon ist. Ich fand es alles ganz furchtbar enttäuschend. Und ich bin sicher: Die anderen fanden das auch. Sie lieben mich nur zu sehr und haben es deshalb nicht gesagt. Aber sie sagten andere Dinge. Meine Schwiegermutter zum Beispiel fragte mich, warum ich mir denn überhaupt die Mühe gemacht hatte, den Rotkohl selbst zu kochen. „Ich kauf den immer fertig im Glas", gab sie zu. Meine Mutter nickte bestätigend. Und spätestens jetzt fragte auch ich mich, was ich mir bei der ganzen Nummer eigentlich gedacht hatte. Warum sollte eine Person allein alles herrichten, wenn vier weitere erwachsene Menschen um sie herumstanden? Und warum hatte diese eine übertrieben ehrgeizige Person dazu den Anspruch, jede winzige Kleinigkeit in aufwendiger DIY-Arbeit selbst zu machen, anstatt den beknackten Rotkohl einfach fertig im Glas zu kaufen?

Also fällte ich eine Entscheidung. Beim nächsten Weihnachtsfest – und seither bei allen, die noch folgten – kamen nicht nur der Rotkohl, sondern auch alle anderen Beilagen und die gesamte Gans vom Lieferdienst. (Ja, es gibt einen Online-Bestelldienst, er heißt www.gourmetgaensebraten.de, und nein, ich bekomme kein Geld, weil ich Werbung dafür mache, aber falls auch nur eine einzige Mama durch diesen Tipp dieses Jahr ein stressfreieres Weihnachtsfest erlebt, dann war es das wert, dass ich die Seite hier genannt habe.) Mein einziger Job in der Küche bestand darin, die online bestellten Speisen aufzuwärmen. Und sogar das machte ich nicht allein, sondern ließ mir von meiner Schwiegermutter helfen. Mein Mann deckte und dekorierte den Tisch, während meine Eltern sich um Getränke, Nachtisch und unseren Sohn kümmerten. Denn wenn man es erst einmal geschafft hat, ein Hilfsangebot anzunehmen, fällt es erstaunlicherweise bei allen darauffolgenden viel leichter. Mehr noch: Ich realisierte, wie gern mir alle helfen wollten. Und das nicht nur, weil sie dieses Jahr keinen verbrannten Nachtisch essen wollten.

Statt auf das nächste Hilfsangebot zu warten, forderte ich fürs kommende Jahr deshalb schon mal eins ein: „Kannst du dann diesen Schoko-Vanille-Nachtisch machen, den wir früher an Weihnachten immer hatten?", fragte ich meine Mutter. „Der so geformt war wie kleine Tannenbäume? Wie hast du das eigentlich hinbekommen?" Meine Mutter lachte. Und gab dann zu: Der Tannenbaum-Nachtisch kam schon seit 1986 vom Lieferdienst. ❤

SOMMER, SONNE, SPIELPLATZSCHREI

WIE ICH MERKTE, DASS ICH NICHT IMMER AUF DIE *SUPER NANNY* HÖREN KANN

Ich sitze auf dem Spielplatz und genieße die Sonne auf meinem Gesicht. Mein Kind ist schwer beschäftigt, erklimmt stolz allein die Treppe zur Rutsche, freut sich sichtlich des Spielplatzlebens. Herrlich!

Plötzlich höre ich es markerschütternd brüllen: „DAS IST DER PROOOOOXLER!" Sofort spannt sich jede Zelle meines Körpers an, und ein vorahnendes Unwohlsein macht sich breit. Denn ich weiß: Das ist mein Sohn. Also nicht der „Proxler" – den hält er in der Hand, in Form seines Spielzeugbesens, der in seiner Fantasie zu einer Art Superwerkzeug wird. Mein Sohn ist der, der brüllt. So laut, dass jetzt alle, Kinder wie Eltern gleichermaßen, zu ihm schauen. Und sehen, wie er den Besen, pardon, den „Proxler", mit voller Wucht die Rutsche hinunterschleudert. Der Besenstil verfehlt nur knapp zwei Krabbelkinder, die am Rutschenende im Sand spielen. Mein Sohn bemerkt das gar nicht, denn er hat sich längst kopfüber selbst hinterhergeworfen, landet mit dem Gesicht im Sand, springt in einer einzigen fließenden Bewegung wie ein Stehaufmännchen wieder auf die Beine und strahlt mich an: „MAMA, ALLES WEGPROXELN!"

Auf jedem Spielplatz gibt es dieses eine Kind. Dieses Kind, das alle Eltern vorsichtshalber im Auge behalten. Weil es schreit, schubst, haut, mit Sand wirft oder andere dumme Dinge anstellt. Und bei dem man sich kopfschüttelnd fragt: Wann endlich sprechen die Eltern ein Machtwort?

Die „Proxler"-Anekdote stammt aus einer Phase, in der mein Kind dieses eine Kind war. Wenn man über den Spielplatz ein lautes Kinderweinen hörte, dann waren die anderen Eltern besorgt, dass es ihr Kind sein könnte, das sich wehgetan hatte. Ich hingegen hatte Angst, dass es mein Sohn war, der jemandem wehgetan hatte. Ein unbeschreiblich unschönes Gefühl. An dem ich dringend etwas ändern musste.

Ich weiß, dass man Kindern nicht mit Wenn-dann-Sätzen drohen soll.

Katharina Saalfrank, die RTL-*Super-Nanny*, empfiehlt in ihrem Buch „Kindheit ohne Strafen" stattdessen endloses Verständnis, Gelassenheit sowie liebevolle Zuwendung dem Kind gegenüber.

Das Problem ist nur: Mein Verständnis ist nicht endlos. Und auch meine Gelassenheit ist irgendwann passé, wenn ich meinen Sprössling gerade zum vierten Mal in Folge davon abhalten muss, ein anderes Kind (unbeabsichtigt, aber) ernsthaft zu verletzten.

Also benutzte ich die Wenn-dann-Sätze, die gute Mütter nicht benutzen dürfen. „Wenn du noch einmal mit dem Besen nach anderen Kindern wirfst, dann gehen wir sofort nach Hause, das ist gefährlich!", sagte ich zum Beispiel zu meinem Sohn. Und als er noch einmal mit dem Besen warf, gingen wir auch wirklich nach Hause.

Bereits vier Spielplatzabbrüche später zeigte die Wenn-dann-Taktik erstaunliche Resultate. Spielplatzentzug ist für einen Dreijährigen offenbar die denkbar härteste Strafe, die selbst in einer aufmüpfigen „Proxler-Phase" nicht riskiert wird. Das Resultat: Mein Sohn schrie weniger, schubste kaum noch, haute so gut wie gar nicht mehr und warf auch nicht mehr mit Sand oder mit seinem „Proxler" (und wenn doch, dann zumindest nicht auf andere Kinder). Es war eine Umstellung, bis ich realisiert hatte: Nicht an jedem Weinen ist mein Sohn schuld. Und so änderte sich nicht nur sein „Spielplatz-Ich", sondern auch meins: Deutlich entspannter und meinem eigenen Kind gegenüber wohlwollender saß ich seit diesem Zeitpunkt auf der Spielplatzbank.

Sollte ich je die Gelegenheit bekommen, die *Super Nanny* zu fragen, wie man diese Situation hätte besser lösen können, werde ich das tun, versprochen. Aber bis dahin akzeptiere ich einfach, dass es manchmal leider nicht nach Ratgeber-Lehrbuch läuft – und ich mich mit der unperfekten Lösung dennoch wohlfühle. ♥

MAMA, DU DARFST UM DEINEN JUNGEN WEINEN
WIE ICH IN DER KITA-GARDEROBE PLÖTZLICH LOSHEULTE

Einer der meistgeklickten Artikel, die ich für das Elternportal leben-und-erziehen.de geschrieben habe, trägt den Titel, „Ich bin die Mutter, die in der Kita-Garderobe heult". Er bezieht sich auf einen Absatz des darunterstehenden Textes, in dem es wortwörtlich heißt: Ich bin die Mutter, die von ihren Nachbarn angesprochen wird, weil sie „einfach immer so herrlich fröhlich" ist. Und ich bin die Mutter, die in der Kita-Garderobe heult, weil ihr gerade alles zu viel wird.

In dem Artikel geht es um die Bipolarität beim Elternsein: In der einen Minute tun wir Dinge, die uns in die Schublade „Helikoptereltern" verfrachten – und in der nächsten Minute handeln wir so, dass wir locker als „Rabenmutter" durchgehen. Ganz egal, was wir tun: In einer Schublade landen wir immer. Wie unfair ist das?

Den titelgebenden Heulanfall in der Kita-Garderobe hat es wirklich gegeben. In dem Artikel ging es jedoch nicht darum, warum ich an diesem Tag losgeheult habe. Deshalb steht es dort auch nicht. Aber hier:

Ich konnte nicht mehr. Es war der vierte oder fünfte Tag in Folge, an dem mein damals dreijähriger Sohn (mitten in seiner „Proxler-Phase", siehe letztes Kapitel) sich weigerte, seine Hausschuhe aus- und seine Straßenschuhe anzuziehen. Immer wieder rannte er aus der Garderobe zurück in den Spielraum, rief nach seinen Freunden, warf die Schuhe, die ich ihm bereits in die Hand gedrückt hatte, zurück in meine Richtung, blickte mir in die Augen und – das war das Schlimmste – lachte aus tiefster Seele los. Das war schon an den vorangegangenen Tagen so gelaufen, doch heute konnte ich besonders schlecht damit umgehen. Zum einen hatte ich eine furchtbare Nacht hinter mir: Seine Schwester, die ich noch stillte, hatte mich kaum schlafen lassen. Zum anderen kam ich mit Zeitdruck in die Kita: Wir mussten einen Zug am Hauptbahnhof erwischen und dafür pünktlich den Bus vor der Kita nehmen, und dafür musste mein Sohn – du ahnst es schon – möglichst schnell die Hausschuhe aus- und die Straßenschuhe anziehen. All das erklärte ich ihm so geduldig, wie man es unter den Augen anderer Eltern eben tut. Denn ich wusste, dass sie da sind, die Blicke. Blicke, weil ich meinen Sohn schon wieder nicht unter Kontrolle hatte. Weil ich bestimmt gleich resignieren und ihm die Schuhe selbst anziehen würde, obwohl wir beim Elternabend doch alle gesagt bekommen hatten, wie wichtig es sei, dass die Kinder diese Dinge selbst tun. Blicke, weil mein Sohn mich zurzeit häufiger an meine Grenzen brachte – und alle bekamen es mit.

Während ich mir all diese Gedanken machte, warf mein Sohn plötzlich so gezielt seinen Schuh nach mir, dass er mich damit traf, und rief noch ein beherztes „Blödi-Mamaaaaa!" hinterher, bevor er laut grölend zurück in den Gruppenraum rannte. Und da passierte es: Von einer auf die nächste Sekunde heulte ich los. So bitterlich und ungehemmt, dass ich keine Chance hatte, die Tränen zu verbergen. Ich schluchzte laut durch die Kita-Garderobe und ergab mich der Tatsache, dass ich den heutigen Kampf ums Schuhe-Anziehen verlieren würde. Fast gleichzeitig mit den Tränen kam die Scham. Die anderen Eltern waren ja auch noch da.

Dann passierten zwei wunderbare Dinge gleichzeitig: Eine der Mütter machte einen großen Schritt auf mich zu – und nahm mich fest in den Arm. Sie ließ nicht mehr los, sondern drückte mich an sich. Sie stellte auch keine Fragen. Sie hielt mich einfach fest und ließ mich weinen. Eine andere holte den Bezugserzieher meines Sohnes. Entweder, sie hatte ihn gebeten, sich um Tom zu kümmern, oder er war selbst auf die Idee gekommen, als er mich sah. Als ich mich irgendwann ausgeheult hatte und aus der Umarmung löste, stand mein Sohn jedenfalls bereits ungeduldig an der Tür, weil er „endlich" loswollte – mit Straßenschuhen an seinen Füßen.

Ob wir an dem Tag den Bus und den Zug noch erwischt haben, weiß ich gar nicht mehr. Aber ich werde nie diese Umarmung vergessen. Eine unerwartete Umarmung, die kam, als ich nur urteilende Blicke erwartet hatte. Mein Sohn hat an diesem Tag gelernt, dass seine Mama auch mal weint, wenn sie traurig ist. Und dass das okay ist. Und ich habe an diesem Tag (wieder einmal) gelernt, wie gut es tun kann, Hilfe anzunehmen, wenn man es allein nicht schafft. Und dass auch das okay ist. Und vor allem: dass wir Eltern uns gar nicht immer alle gegenseitig verurteilen. Sondern dann, wenn es drauf ankommt, viel mehr Verständnis füreinander haben, als uns manchmal bewusst ist. ❤

Gastautorin

Eva Gardé ist Werbekauffrau und Mutter von zwei Jungs. Sie liebt es, Dinge zu basteln. Außerdem schreibt sie regelmäßig für das Großeltern-Portal Enkelkind.de. Kein Wunder, dass sie abends früh müde ist.

PYJAMA-DRAMA
WIE ICH ENTSCHIED, NICHT JEDEN TAG EIN GEPELLTES EI ZU SEIN

Es ist 21 Uhr. Mir werden wie jeden Abend schon wieder die Augen schwer. „Ich darf nicht vergessen, den Wecker für morgen zu stellen!", sage ich zu mir selbst. Im Bett liegend tippe ich auf meinem Handy herum. „Ab jetzt immer 06.00 Uhr statt 06.30 Uhr." Ich brauche Zeit, um mich fertig zu machen. Haare waschen. Anziehen. Schminken. Föhnen. Bis jede Haarsträhne perfekt sitzt, dauert das. Und der Lidstrich erst. Ein Outfit habe ich mir am Abend zuvor schon zurechtgelegt. Und dann noch die Kinder fertig machen. Frühstück vorbereiten, Brote schmieren. Die Zeit ist morgens knapp, und irgendwie schaffe ich es immer nur auf den letzten Drücker. Das wird ab jetzt anders. Ich werde perfekt vorbereitet sein – und perfekt aussehen!

Am nächsten Morgen wache ich aus dem Tiefschlaf auf. Weiß erst mal nicht, wo ich bin. Der Blick geht panisch auf mein Handy. Es ist passiert: Ich habe verschlafen! Wie konnte das denn geschehen? Oh no. Und was ist jetzt mit meinem Plan, wie aus dem Ei gepellt auszusehen?

Mein neuer Plan (notgedrungen): zusehen, dass erst mal die Kinder etwas zu essen bekommen und mein Großer pünktlich zur Schule aufbricht. Das geht gerade so auf. Und was ist jetzt mit mir? Es ist 07.30 Uhr. Der Jüngere und ich müssen los. Ich bin immer noch im Schlafanzug. Ich überlege hin und her. Gucke an mir herunter. Und wenn ich einfach meine lange Winterjacke überziehe? Dann guckt nur noch ein kleines Stück meiner Hose unten raus. Und die Mütze auf den Kopf. Das versteckt die zotteligen, leicht fettigen Haare. Den Schal hoch über die Nase ziehen. Wird jemand sehen, dass ich noch keine Mascara aufgetragen habe?

Ich fühle mich schlecht. Wie eine, die ihr Leben nicht im Griff hat. Gebückt und ohne BH tapse ich mit meinem Sohn zur Kita. Vor der Tür hole ich tief Luft. Ich erwarte angewiderte Blicke, Kopfschütteln oder sogar einen Kommentar über mein Outfit.

Aber was tatsächlich passiert: nichts!

Denn keinen interessiert mein Outfit. Alle gehen geschäftig ihren Aufgaben nach. Kümmern sich um meinen Sohn und beachten mich nicht. Zumindest nicht meine Pyjamahose, die aus der Jacke herausblitzt. Lieb lächeln sie mir in die ungeschminkten Augen.

Und in dem Moment wird es geboren: mein neues „Ich bringe mein Kind in die Kita"-Outfit. Praktisch und bequem. Und herrlich unkompliziert.

Wo man mich mittlerweile noch im Pyjama-Outfit antreffen kann? Im Supermarkt oder im Restaurant unten im Haus, wo ich meine bestellte Nummer 53 abhole. Eben überall dort, wo ich meinen langen Wintermantel nicht ausziehen muss.

Und ja, im Laufe des Morgens ziehe ich dann auch mein zurechtgelegtes Outfit an. Aber mit viel Zeit und ganz ohne Druck. ♥

ICE, ICE, MAMA

WIE ICH MEINE TOCHTER EINEN (OKAY, ZWEI) SOMMER LANG TÄGLICH IN DIE EISDIELE SCHICKTE

Das nächste Mal, dass mir in einer Kita-Garderobe zum Weinen zumute war, hatte einen deutlich banaleren Grund, als im vorletzten Kapitel beschrieben. Schuld war ein Werbeflyer, der dort auslag. Der kündigte die Eröffnung einer neuen Eisdiele an – direkt neben der Kita.

Ich hasse Eisdielen. Das Anstehen mit vielen kleinen ungeduldigen Menschen, die noch nicht wissen, wie man eine Warteschlange bildet. Das lautstarke Durcheinanderplappern beim Bestellen – oder das kindliche Schweigen in genau diesem Moment, weil das minutenlange Anstehen nicht für die Entscheidung genutzt wurde, was genau in den Becher (oder doch lieber in die Tüte?) kommen soll. Die albernen Hipster-Sorten mit so beknackten Kombinationen wie Blaubeer-Basilikum-Minze zu völlig überteuerten Preisen. Die Tatsache, dass die eigene Lieblingssorte sowieso immer ausverkauft ist und ich dann statt einer ehrlichen Kugel Stracciatella ein Geschmackssubstitut namens Brownie-Milkshake-Swirl bekomme und dafür auch noch 1 Euro 80 pro Kugel zahlen soll, das sind 3 Mark 60, und ja, das rechne ich noch um, denn es wäre vollkommen absurd, sich nicht auszurechnen, dass ich für eine Kugel Eis gerade so viel ausgebe wie früher für einen ganzen Lucky-Luke-Comic, aber ich komme vom Thema ab, also: Ich hasse das Geschmiere, das Gekleckere und diese kleinen, harten, idiotischen Mini-Servietten, die hasse ich ganz besonders. Und dann wird von mir erwartet, dass ich das alles lächelnd hinnehme, um meinem Kind (okay, und manchmal auch mir selbst) etwas zu kaufen, das obendrein als ungesund gilt. Hat man sich letztendlich erfolgreich durch das Eisdielen-Desaster hindurchmanövriert, kann man sich dafür also noch nicht einmal lobend selbst auf die Schulter klopfen – schließlich hat man gerade nichts anderes getan, als das Kind mit Zucker und Kalorien vollzustopfen.

Doch man muss vermutlich gar nicht eine derartige Aversion gegen Eisdielen verspüren, wie ich es tue, um zu verstehen: Für Eltern stellen sie fast immer einen potenziellen Quell des Unmuts dar. Sie sind der Auslöser zahlreicher kindlicher Wutanfälle oder (bei älterem Nachwuchs) Grundlage für nervenzehrende Diskussionen, warum es gerade jetzt sofort und auf der Stelle aus welchem Grund und warum genau eigentlich kein Eis aus dieser Eisdiele geben kann, an der man gerade vorbeigeht. Ich kenne Eltern (mich eingeschlossen), die in den Sommermonaten bewusst Umwege gehen, um bloß nicht die lokale Eisdiele in Sichtweite der zuckerhungrigen Kinderaugen zu rücken. Nur wird diese Umgehungstaktik unmöglich, wenn das Etablissement direkt neben der Kita-Tür mit seinen tagesaktuellen Angeboten wirbt.

Als nun die Eisdiele neben der Kita meiner Tochter eröffnete, beobachtete ich interessiert die verschiedenen Strategien der Eltern, die sich schnell herauskristallisierten. Natürlich gab es die Mütter und Väter, die von Anfang an konsequent waren: kein Eis nach der Kita. Nie. Und es gab die Wochentag-Planer und -Planerinnen, die ihren Kindern erklärten, dass es zum Beispiel nur freitags ein Eis geben durfte, an den anderen Tagen aber nicht. (Das funktioniert selbstverständlich nur bei Kindern, die schon eine Vorstellung von Wochentagen hatten.) Es gab sogar organisierte Kleingruppen, die sich schon vor dem Abholen in Gruppenchats absprachen, ob ihre Kinder heute gesammelt zur Eisdiele gehen durften oder nicht, damit es keine „Aber der Ben darf doch auch, warum darf ich dann ni-hi-hiiiiiicht, schluchz"-Szenen gab.

Und es gab mich.

Ich hatte für all diese Optionen den richtigen Moment (oder die Einladung in entsprechende WhatsApp-Gruppen) verpasst. Okay, und vermutlich fehlt mir auch einfach die nötige Disziplin für Absprachen solcher Art. Denn mal im Ernst: Spätestens an einem Sommernachmittag mit 30 Grad im Schatten, was in den vergangenen

Jahren selbst in Hamburg nicht selten war, sind doch sämtliche „Heute gibt es kein Eis, denn es ist nicht Freitag"-Regeln ohnehin ad absurdum geführt. Sogar ich als Eisdielen-Hasserin schaffe es nicht, bei mediterranen Wetterverhältnissen Nein zu sagen zu einer Vierjährigen, die fragt, ob sie bitte, bitte eine Kugel Vanille haben darf, „am liebsten mit Streuseln, die sind soooo, so lecker, liebe, liebe Mami!".

Also sagte ich Ja. Und das oft. So oft, dass meine Eisdielen-Abneigung mit immer neuem Futter gespeist wurde und mir schon beim Gedanken an den nächsten Besuch die nach Brownie-Milkshake-Swirl schmeckende Kotze hochkam. Metaphorisch gesehen, versteht sich. Und so waren schließlich nicht die Kalorien und der Zucker der ausschlaggebende Grund, weshalb ich meine Strategie änderte – sondern allein der Schutz meiner eigenen Nerven. „Mina, ich möchte das nicht mehr", sagte ich zu meiner Tochter und meinte es auch so. „Ich geh einfach nicht gern in die Eisdiele. Wenn du heute ein Eis haben möchtest, dann musst du es dir selbst kaufen."

Ich weiß nicht genau, wann ich selbst das erste Mal erfolgreich ganz allein ein kleines Kaufgeschäft absolviert habe. Aber älter als meine Tochter zu diesem Zeitpunkt war ich auf jeden Fall – deutlich älter. Deshalb rechnete ich auch gar nicht damit, dass sie sich großartig Gedanken über mein (ehrlicherweise auch nur rhetorisch gemeintes) Angebot machte. Doch das tat sie.

„Okay, Mama, was muss ich dann sagen?", fragte sie nach einigem Grübeln. Ich war so begeistert (und überrumpelt) von ihrem Mut, dass ich brav den Bestellvorgang mit ihr übte: Eine Kinderkugel, also eine kleine, und wirklich nur eine, gern im Becher, Streusel sind okay, hier ist Kleingeld, Mist, das reicht nicht, dann eben ein Fünf-Euro-Schein, Wechselgeld nicht vergessen, aber Trinkgeld dalassen, eine von den goldenen Münzen, bitte. Dann wurde es „ernst" – meine Vierjährige spazierte ohne mich in die Eisdiele.

Die allerersten eigenständigen Eisbestellungen hatten ihre Hürden

Mal vergaß Mina das Bezahlen, sodass eine freundlich lächelnde Verkäuferin ihr hinterhergehen musste, während sie überglücklich mit ihrem Eis nach draußen stolzierte. Mal vergaß Mina das Wechselgeld, doch auch das wurde ihr hinterhergebracht. Einmal bestellte sie vor lauter Euphorie so viele verschiedene Streuselsorten, dass das Geld nicht reichte und ich Münzen nachreichen musste. Aber nach mehreren kleineren Fauxpas, die erstaunlicherweise immer nur mich, nicht aber meine Tochter nervös machten, fühlte sie sich richtig sicher im Bestellvorgang. Sie verstand den Unterschied von Euro- und Cent-Münzen, gab selbstbewusst Trinkgeld, fragte nach Servietten (den kleinen, harten) und erledigte den gesamten Eis-Ess-Prozess vom Anstellen übers Kaufen und Verzehren bis zum Mundabwischen rundum selbstständig und vor allem: überglücklich. Ich hingegen wartete nicht einfach nur auf mein Kind, sondern nutzte die gewonnenen rund fünfzehn Minuten, um mit dem Gesicht in der Sonne durchzuatmen. Eine kleine Mini-Pause im Alltag, in der niemand etwas von mir wollte. Quasi das Gegenteil von einem Besuch in der überfüllten Eisdiele. Und das alles gefiel mir so gut, dass wir es künftig tatsächlich täglich machten.

Nein, es war ernährungstechnisch nicht das gesündeste Ritual, das ich im vorletzten Jahr eingeführt habe (und im letzten Jahr sofort wieder aufgriff). Im Gegenteil. Aber wenn es um das Erlernen von Selbstständigkeit und Verantwortung geht, um das Vermeiden wiederkehrender (unnötiger) Stresssituationen und um diese so wichtigen kleinen Ruhe-Inseln im Mama-Alltag – dann, ja, dann ist der tägliche Eisdielenbesuch meiner Tochter ganz weit vorne. Und sosehr ich Eisdielen nach wie vor verabscheue, freue ich mich gleichzeitig auch darauf, wenn sie im Sommer endlich wieder öffnen! ❤

BACKE, BACKE FLUCHEN

WIE ICH DAS (VERMUTLICH) LETZTE MAL IN MEINEM LEBEN EINEN KINDERGEBURTSTAGSKUCHEN BACKTE

Wenn ich müde bin, wird mein linkes Auge kleiner als mein rechtes. Das war schon in meiner Kindheit so, und es verrät mich an unausgeschlafenen Tagen noch heute. Besonders häufig ist das Phänomen auf Fotos zu beobachten, die an den Geburtstagen meiner Kinder entstehen. Denn in der Regel habe ich in der Nacht vor dem großen Tag wenig Schlaf gefunden. Hauptgrund: der Kuchen. Das Desaster aus dem ersten Teil dieses Buches war nämlich nicht mein letzter Versuch, am Kindergeburtstag einen selbst gemachten Kuchen zu präsentieren. Im Gegenteil. Denn Backen gehörte in meiner prä-elterlichen Zeit zu meinen absoluten Lieblings-Hobbys. Dieser mamaeigene „Das mach ich selbst“-Ehrgeiz war bei mir im Bereich der Backwaren daher ungewöhnlich stark ausgeprägt – und hielt entsprechend lange an.

Ich shoppte Tortenringe und Fondantrollen, schaffte Lebensmittelfarbe und essbaren Glitzer an, besorgte sogar Zuckergussfiguren in Herzchenform. Ich rührte Schokofüllungen an und raspelte Haselnusssplitter, teilte Biskuitböden und stapelte Cremeschichten. Ich schnitt Ninja-Masken aus Zuckerwerk aus und formte *Paw-Patrol*-Hunde aus essbarer Knete. Ja, ich verbrachte Tage und Nächte in der Küche, um meinen Kindern das perfekte Kuchenerlebnis darzubieten. Denn nichts weniger sollte ihr Geburtstagskuchen sein: ein Erlebnis! Ein eigenes kleines Event an sich, das für den ohnehin schon großartigen Tag die selbst gemachte Glitzerkirsche auf dem Sahnehäubchen darstellen sollte. Mindestens.

Es wäre eine ganz witzige Anekdote, wenn an dieser Stelle nun die Erkenntnis folgte, dass diese metaphorische Glitzerkirsche matschig und hässlich und mein Backresultat jedes Mal ein Totalreinfall war. Aber das war nicht so. Du musst mir glauben, wenn ich sage: Meine Kuchen und Torten sahen toll aus! Und es war auch nicht so, als hätten meine Kinder sie nicht zu schätzen gewusst. Gut, aufgegessen wurden sie natürlich nie. Das wirklich Wichtige daran war allein die Deko. Aber auf die waren sie ehrlich stolz – und hatten sichtlich Freude an ihren von mir selbst gemachten Geburtstagskuchen.

Nur: Ich hatte keine Freude daran. Ich schlug mir jedes Mal die Nacht vor den Partys um die Ohren, gab unpassend viel Geld für Backzubehör und Dekoration aus, steigerte mich in einen nervigen Perfektionismus hinein und war am großen Tag nicht nur unausgeschlafen, sondern – egal, welche Komplimente ich von anderen bekam – auch unzufrieden. Mit dem Ergebnis, das zwar gut, aber in meinen Augen nie gut genug war, mit dem Preis-Leistungs-Verhältnis und vor allem: mit meinem eigenen nervlichen Gemütszustand, der so gar nicht zur großartigen Partylaune meiner Kinder passte.

Am fünften Geburtstag meines Sohnes blickte ich dem grünen Ninja, der oben auf der Schokotorte thronte und mit dem ich die halbe Nacht in der Küche verbracht hatte, tief in seine Fondant-Augen. Mein Sohn hatte gejubelt, als er ihn gesehen hatte, und laut gerufen: „Danke, Mama! Der sieht richtig echt aus!“ Nur der Ninja und ich kannten die Wahrheit. Nämlich, dass die ersten zwei Varianten von ihm ganz und gar nicht echt ausgesehen hatten. Dass ich drei zeitaufwendige Anläufe gebraucht hatte, bis ich eine Schablone in der richtigen Größe ausgedruckt, ausgeschnitten und auf Rollfondant übertragen hatte. Dass sein linkes Auge auch beim dritten Versuch immer noch größer war als das rechte. Und dass ich irgendwann einfach aufgegeben hatte, in der Hoffnung, es würde niemandem auffallen – außer mir. Offensichtlich tat es das auch nicht. Und dennoch (oder gerade deshalb?) fällte ich in diesem müden Moment eine Entscheidung. Eine, die rein gar nichts mit den Kommentaren der Kinder (wie bei meinen Pfannkuchen, dazu mehr im nächsten Kapitel!) zu tun hatte, sondern allein mit meinen eigenen Bedürfnissen. Ich entschied: Du, lieber Ninja, warst mein letztes Fondant-Meisterwerk.

Seit drei Jahren bestelle ich die Geburtstagskuchen der Kinder nun auch online. Mit fertiger Fondantschicht. Und – sehr zur Begeisterung meines Sohnes und meiner Tochter – mit thematisch passenden Spielfiguren als Dekoration. Die sind nicht handgemacht. Dafür strahlen sie das Geburtstagskind aus gleich großen Augen an.

Und ich jetzt endlich auch wieder. ❤

DER ERSTE PFANNKUCHEN GELINGT NIE. DER ZWEITE AUCH NICHT.

WIE ICH BACKMISCHUNGEN IN MEIN LEBEN LIESS

Wertschätzung. Dankbarkeit. Freude. All das brachten meine Kinder für die selbst gemachten Geburtstagskuchen aus dem letzten Kapitel auf.

Für meine Pfannkuchen taten sie das nicht.

Von „In der Kita schmecken die besser" über „Bens Mama macht die anders ... Irgendwie leckerer!" bis zu „Kann Papa das lieber machen?" habe ich schon jeden Kommentar über mich ergehen lassen müssen, wenn ich mal wieder mit Eiern, Milch und Co. bewaffnet an der Pfanne stand. Mit den Jahren wurden die Kommentare gewählter („Soll ich Ben mal nach dem Rezept von seiner Mama fragen?"), das Urteil aber blieb gleich: Ja, die Kinder lieben Pfannkuchen – nur meine finden sie fürchterlich.

Okay, das kann vielleicht daran liegen, dass ich im Gegensatz zu meinem Mann (und vermutlich auch Bens Mutter und dem Caterer in der Kita) immer Bananen für den Teig verwendet habe. Die braun und matschig gewordenen, die niemand mehr essen, die man aber auch nicht einfach wegschmeißen mag. Denn: Zum Backen sind sie ja noch gut genug. Den Tipp habe ich übrigens (du kannst es dir schon denken) auf Instagram entdeckt. Hat mich damals total beeindruckt, die Erkenntnis, dass Bananenmatsch ein geeignetes Mehlsubstitut ist. Also, vielleicht nicht geschmacklich, aber zumindest von der Konsistenz her. Obwohl, eigentlich auch das nicht. Aber es ist eine nachhaltige, gesunde Idee, und auf Insta machen die Mütter das so, also wollte ich das halt auch probieren. Und produzierte regelmäßig (und erstaunlich lernresistent) fancy Bananenmatschpfannkuchen, pardon, ich meine natürlich #bananapancakes, die niemand essen wollte.

Mein innerfamiliärer Ruf als Pfannkuchenbäckerin war nach einiger Zeit derart ruiniert, dass selbst eine Abwandlung meines Rezeptes (ich

habe es wirklich probiert, auch ohne Bananen!) nichts mehr brachte. Die minderjährigen Mitglieder meiner Familie (mein Ehemann ist in solchen Situationen schlau genug, einfach gar nichts zu sagen) waren sich einig: Die Pfannkuchen von Mama schmecken einfach nicht.

Nun hätte der mütterliche Ehrgeiz in mir erwachen können (immerhin ging es hier ums Backen – eigentlich ja mein Aushängeschild!). Dieser Ehrgeiz, es nicht nur besser, sondern perfekt zu machen, egal, wie viele Versuche es kosten würde. Der Ehrgeiz, den ich zu Beginn dieses Buches beschrieben habe und der mich in den ersten Mama-Monaten bei jeder Gelegenheit rücksichtslos ansprang wie ein Raubtier sein chancenloses und sich trotzdem mit aller Kraft wehrendes Opfer.

Doch er erwachte nicht.

Stattdessen sprang mich etwas anderes an. Oder besser gesagt: Es sprang mir ins Auge. Im Rewe entdeckte ich den Endgegner jeglicher „Ich mache alles selbst"-Bemühungen: die Abteilung mit den Fertigbackmischungen. Und siehe da: Fertigbackmischungen existieren tatsächlich auch für Pfannkuchen! Milch rein, schütteln – fertig ist der Teig. Ist das noch Backen? Natürlich nicht. Aber einen Versuch wert, fand ich. Und auch meine Kinder waren so gnädig, mir dieses Experiment zu gewähren. (Ich habe den üblen Verdacht, dass sie heimlich dachten: Wenn bei einem Pfannkuchen so wenig wie möglich von Mama selbst gemacht ist, dann kann das nur gut sein.)

Und tatsächlich: Es blieb nicht bei dem

einen Versuch. Die (Fast-)Fertigpfannkuchen waren ein voller Erfolg. Seit jener Entdeckung im Supermarktregal kommen „meine“ Pfannkuchen nun einfach immer aus der vorgefertigten Schüttelflasche. Die Kinder sind glücklich, und ich (obwohl ich genauso gut beleidigt sein könnte) bin es irgendwie auch. Denn die verräterische Tatsache, dass diese pappsüßen Backmischungspfannkuchen „ganz genauso wie die von Bens Mama“ schmecken, lässt mich erahnen, dass auch andere Eltern vielleicht nur mit Backmischungen backen. ❤

DIE NERVIGSTE MAHLZEIT DES TAGES

WIE MEINE KINDER HOTDOGS ZUM FRÜHSTÜCK WOLLTEN (UND ICH KEINE ZEIT FÜR DISKUSSIONEN HATTE)

Ich bin froh, dass ich mit den Fertigpfannkuchen etwas gefunden habe, das meine Kinder gern essen. Denn die Auswahl der Mahlzeiten, die sie ohne Diskussion akzeptieren, ist, freundlich formuliert, enorm eingeschränkt. Nicht einmal für Pommes kann ich beide begeistern, und auch Pizza schmeckt nur „ohne alles, auch ohne Käse" (was dann noch bleibt, ist übrigens Teig mit Tomatensauce).

Abgesehen von den Pfannkuchen aus der Schüttelflasche und der nackten Pizza gibt es folgende Mahlzeiten, die meine Kinder sich regelmäßig zum Abendbrot wünschen:

- Nudeln (mit Tomatensauce, die nur aus Tomaten bestehen darf, nichts anderes)
- einen „Teller" (fertig geschmierte Brotstückchen und dazu geschnippeltes Gemüse)
- Hotdogs
- das Happy Meal von McDonald's
- das Restaurant-Weißbrot, das es beim Essengehen als Beilage gibt (ohne alles)

Und hier endet die Liste der Mahlzeiten, auf die beide Kinder sich streitlos einigen können, auch schon. (Das Restaurant-Weißbrot kann ich natürlich nicht zu Hause anbieten, dann wäre es ja kein Restaurant-Weißbrot mehr – das ist also die Außer-Haus-Option.)

Weil ich all das Gemeckere über Kartoffeln und Fischstäbchen, Aufläufe und Salate, ja sogar über Milchreis und Kartoffelpuffer irgendwann leid war, habe ich mich also auf diese sehr beschränkte Menü-Auswahl eingelassen und mich mit dem Gedanken abgefunden: Eines Tages werden sich ihre Geschmacksknospen schon auf Neues einlassen. Sie werden selbst gelangweilt sein von den immer wiederkehrenden Gerichten und mich um Alternativen bitten. Und so kam es auch schon bald. Nur nicht in der Form, die ich mir vorgestellt hatte.

„Ich will heute Abend mal etwas anderes essen", forderte meine Tochter. Halleluja!, dachte ich – und röstete gedanklich schon Avocadospalten und Garnelenspieße. Halt, nein, nicht übertreiben, ermahnte ich mich selbst. „Wie wäre es denn mit Milchreis?", fragte ich daher sanft. „Oder Fischstäbchen?" Doch Töchterlein blieb skeptisch. „Neeee, das mag ich nicht. Ich mag Cornflakes. Kann ich Cornflakes?" Und noch während ich darüber nachdachte, was hier gerade geschah, schaltete mein Sohn sich ein: „Wenn Mina Cornflakes zum Abendbrot darf, will ich auch Cornflakes."

Ich musste überlegen. Die Cornflakes sind aus Dinkel und zuckerfrei. Na ja, zumindest zuckerreduziert. Zum Frühstück essen beide sie gern, und sie machen lange satt. Was spricht eigentlich dagegen, Cornflakes auch zum Abendbrot zu essen? Meiner hoch professionellen Blitz-Ernährungsanalyse zufolge nicht genug, um mich jetzt auf eine Diskussion mit meinem Nachwuchs einzulassen – also servierte ich Cornflakes.

So weit, so unperfekt. Unsere allabendlichen Essensoptionen wurden also um die Menü-Auswahl „Cornflakes" erweitert. Irgendwann hinterfragte das niemand mehr.

Doch dann kamen die Pandemie und die Lockdowns. Und plötzlich stieg die Anzahl der Mahlzeiten, die wir täglich für unsere Kinder zu kredenzen hatten, vom einen auf den anderen Tag rapide an. Ehe ich mich versah, gab es Cornflakes nicht nur zum Frühstück und zum Abendessen, sondern auch zum Mittag. Also, im besten Fall nicht dreimal am selben Tag. Aber doch so oft, dass die neu gewonnene Lieblingsspeise den beiden urplötzlich zum Halse raushing. Natürlich fiel ihnen das weder beim Mittagessen noch beim Abendbrot ein – sondern beim Frühstück.

„Ich will keine Cornflakes", sagte das eine Kind. „Ich auch nicht, die haben wir immer", unterstützte das zweite. „Was haben wir noch?" Ein Blick in die Brotschublade verriet: Toastbrot war aus, Knäcke auch.

Zum Brötchenaufbacken oder für Fertigpfannkuchen aus der Backmischungsflasche war keine Zeit mehr. Eigentlich hatte ich nicht einmal für diese Diskussion Zeit, denn wir waren spät dran, das waren wir schon immer, doch seitdem Kitas und Schulen dicht waren, hatte unser (okay, mein) Morgenmanagement einen völlig neuen Tiefpunkt erreicht. Ich musste in die Redaktionskonferenz und hatte noch nicht einmal das Schlafanzugoberteil gegen die obligatorische Videokonferenzbluse getauscht. „Wir haben nichts anderes", antwortete ich, und das war immerhin die halbe Wahrheit, denn wir hatten aus Zeitgründen wirklich nichts, das gerade infrage kam. Doch mein Sohn sah das anders: „Aber wir haben doch noch Hotdogs", wunderte er sich.

Ich blickte auf die Uhr. In vier Minuten ging meine Videokonferenz los. Anderthalb Minuten für die Würstchen in der Mikrowelle, anderthalb fürs Bereitstellen von Röstzwiebeln, Ketchup und fertig aufgeschnittenen Brötchen. Blieb immer noch eine volle Minute für die Bluse und zwei schnelle Bürstenstriche durchs Haar.

Pünktlich auf die Sekunde saß ich in meiner Videokonferenzbluse vorm Rechner. Und meine Kinder am Frühstückstisch – mit warmen Hotdogs in den Händen. Und was soll ich sagen: Wenn man bereits Cornflakes zum Abendessen serviert hat, dann kommt einem

das gar nicht mehr so absurd vor. Mehr noch: Ich fand es plötzlich richtig gut! Denn die ungewöhnliche Frühstücksmahlzeit sorgte dafür, dass die beiden hoch konzentriert und nahezu mucksmäuschenstill mit dem Verzehr von Röstzwiebeln und Co. beschäftigt waren. Wodurch ich eine der wirklich seltenen komplett unterbrechungsfreien Videokonferenzen der Lockdown-Phase erleben durfte.

Mit dem Geruch von erwärmten Würstchen in der Nase und meiner Schlafanzughose an den Beinen fühlte ich mich plötzlich wie eine, die das alles hier, die Lockdowns und die Schulschließungen und das Homeschooling und die Kinderbetreuung im Homeoffice, irgendwie doch noch im Griff hatte. Und ganz im Ernst: Für dieses warme, wohltuende Gefühl während der Corona-Maßnahmen waren zwei Hotdogs zum Frühstück ein verdammt fairer Preis.

OUTFIT OF THE NIGHT

WIE ICH DIE KINDER IN STRASSENKLAMOTTEN SCHLAFEN LIESS, DAMIT ICH SIE MORGENS NICHT ANZIEHEN MUSS

Auch die nun folgende Geschichte ereignete sich während des Lockdowns. In der Phase, in der das Zuhausebleiben und die Videocalls nicht mehr total neu, aber auch noch keine wirkliche Routine waren – und damit oft alle Familienmitglieder leicht überforderten (zumindest war das in meiner kleinen Familie so).

Ich glaube, Corona hat in dieser Zeit dafür gesorgt, dass wir alle das Beste aus unserem Zuhause herausgeholt haben. Also, aus dem Teil, der in Videokonferenzen zu sehen ist. Ich jedenfalls avancierte zur Meisterin darin, die täglichen Aufräumbemühungen und den Bildausschnitt, den die Laptopkamera erfasst, nahezu millimetergenau aufeinander abzustimmen. Mehr als dieser eine kleine Bereich war während der Lockdowns selten vorzeigbar bei uns zu Hause. Aber eben auch nicht weniger. Ein winzig kleines Stückchen Kontrolle, das im Corona-Chaos richtig guttat.

Was nie kontrollierbar war? Die Kinder. Während ich selbst mit zentimeterdickem Make-up auf den Augenringen und dem bereits erwähnten Bluse-plus-Schlafanzughose-Outfit relativ erfolgreich Normalität faken konnte, tobten die beiden in ihren plüschigen Grüffelo-Pyjamas um mich herum – und rissen das von mir mühsam errichtete Bild einer Familie, die alles irgendwie im Griff hat, mit einem einzigen Sprung vor die Kamera wieder ein. „Ah, eure sind auch noch im Schlafanzug!“, kommentierte die eine Kollegin. „Unsere auch, wir haben es längst aufgegeben“, gab die andere zu.

Ich glaube, es war das Wort „aufgeben“, das an mir nagte. Ich hatte doch nicht aufgegeben! Im Gegenteil: Ich probierte es wirklich, jeden Tag wieder – und schaffte es einfach nicht besser. Mein Mann musste weiterhin zur Arbeit, ich war mit zwei Kindern und all den Artikeln, Presse-

mitteilungen, Produktbewertungen und Erfahrungsberichten, die ich für meine Kunden und Kundinnen zu schreiben hatte, zu Hause, und dafür, fand ich, lief es doch alles einigermaßen okay. Deshalb weigerte ich mich, es als „Aufgeben" zu bezeichnen, dass ich die Kinder erst nach der ersten Videokonferenz des Tages richtig anzog. Okay, und an manchen Tagen auch einfach gar nicht.

Ich schwöre, es war keine Absicht. Also, beim allerersten Mal nicht. Aber an einem dieser Corona-Lockdown-Tage, an denen man jegliches Zeitgefühl verloren hatte, weil es außer den wiederkehrenden Videokonferenzen keine Termine mehr gab, habe ich irgendwie die Uhr nicht im Blick gehabt, also so gar nicht. Das lag vor allem daran, dass ich dringend einen Text fertig schreiben musste, und irgendwann am späten Nachmittag meine Kinder einfach liebevoll vorm Fernseher geparkt hatte. Immerhin waren sie schon seit kurz nach dem Mittagessen angezogen (yeah!), aber mittlerweile war ich derart auf meine Arbeit fixiert, dass sich meine mütterlichen Bemühungen beschränkten auf ein regelmäßig gebrülltes „Na gut, eine Folge noch, ausnahmsweise!" und das gelegentliche Anreichen von Snacks, die meine Kinder lautstark einforderten. Kein Wunder: Natürlich bekamen die wieder Hunger, wir steuerten längst auf die Abendbrotzeit hin. Und darüber hinaus. Nur: Das merkte ich nicht. Und plötzlich, in einer kurzen Schreibpause, als das Klick-Klack meiner Tastatur verstummte, hörte ich nicht nur die *Paw Patrol* aus dem Fernseher brabbeln, sondern auch ein leises, gleichmäßiges Atmen aus Richtung der Couch. Die Kinder waren eingeschlafen – in ihren Klamotten.

Sie zu wecken, um sie für die Nacht umzuziehen, erschien mir absurd, also ließ ich sie weiterschlummern und trug sie so liebevoll, wie eine Mutter, die ihre Kinder vorm Fernsehgerät vergessen hat, es tun kann, in ihre jeweiligen Bettchen. Am nächsten Morgen wurde ich von zwei zwar etwas irritierten, aber immerhin fertig angezogenen Kindern begrüßt. Nein, ich dachte in dem Moment noch nicht an die Reaktionen von anderen. Doch dann, schon nach wenigen Minuten in meiner morgend-

lichen Videokonferenz, als meine Kinder (natürlich trotz der wiederholten Bitte, Mami in Ruhe arbeiten zu lassen) fröhlich in die Kamera winkten, war es so weit: „Wahnsinn, ihr seid ja alle schon angezogen, auch die Kleine!", lobte ein Kollege. „Das bekommen wir hier nicht hin. Wie macht ihr das?" Ich überlegte kurz, ob ich meinen Mom-Lifehack teilen sollte. Aber ich war noch nicht so weit.

Denn in dieser Sekunde entstand in meinem Kopf ein Plan, der sich in der Zukunft noch oft bewähren sollte: An Abenden vor wichtigen Videokonferenzen, die um neun Uhr oder früher starteten, erlaubte ich unseren Kindern künftig ganz bewusst, in ihren Klamotten ins Bett zu gehen. (Nein, keine Sorge, nicht in unbequemen Skinny Jeans, sondern in gemütlicher, weicher Kleidung. Aber eben in keiner, auf der groß der Kopf des Grüffelos mit einer Schlafmütze abgebildet war oder die auf andere Art dem Betrachtenden „ICH BIN EIN PYJAMA" ins Gesicht schrie.)

„Ach, wir sind einfach Frühaufsteher", log ich, um mir diesen einen kleinen Triumph inmitten des Corona-Chaos noch ein wenig länger zu gönnen. Und stellte rechtzeitig mein Mikro stumm, bevor mein Sohn aus dem Off „ICH HAB SO GESCHLAFEN" brüllen konnte. ❤

BABYSITTER AUF VIER PFOTEN

WIE DIE *PAW PATROL* MIR DEN TAG (UND DEN SCHLAF) RETTETE

Ich habe eben in einem Nebensatz erwähnt, dass ich die Kinder vorm Fernseher „geparkt“ habe. Und schon juckt es mir in den Fingerspitzen, mich dafür zu rechtfertigen. Darum – bevor ich zur nächsten Beichte in Sachen Bildschirmzeit komme – ein paar erklärende Worte: Unsere Kinder wachsen in einem Haushalt auf, in dem beide Elternteile ihr Geld damit verdienen, Filme und Serien zu schauen und zu bewerten. Viele Filme und Serien. Auch solche für Familien oder speziell für Kinder, bei deren Bewertung wir uns natürlich über ihre Meinungen freuen und die beiden deshalb mitschauen lassen. Es war uns daher von vornherein klar, dass unser Sohn und unsere Tochter vermutlich intensiver mit medialer Unterhaltung in Berührung kommen würden als manch andere Kinder. Umso wichtiger sind bei uns zwei einfache Regeln, an die wir uns (eigentlich) rigoros halten. Erstens: Die Kinder gucken nichts allein, was wir nicht selbst kennen. Das heißt: Von jeder Serie, die sie interessiert, schauen wir uns mindestens die erste Folge mit an. Und wenn sie ohne uns einen Film schauen wollen, dann nur einen, den wir zuvor schon gemeinsam gesehen haben. Zweitens (und das ist mir wirklich wichtig, weil es einen Hauch von Disziplin und Struktur suggeriert): Es wird nie, wirklich nie morgens direkt nach dem Aufstehen geschaut.

Die Pandemie mit ihren wechselnden Test- und Isolationsbestimmungen hat natürlich auch bei uns dafür gesorgt, dass die Bildschirmzeiten insgesamt zugenommen haben. An die beiden obigen Regeln konnten wir uns trotzdem immer halten. Bis zu diesem einen Tag, den ich als das persönliche Lowlight meines erzieherischen Engagements während der gesamten Pandemie bezeichnen würde.

Die Situation war folgende: Mein Mann war genesen und auf Geschäftsreise. Unser Sohn war freigetestet und bis 15.30 Uhr in der

Schule. Unsere Tochter konnte nicht in die Kita, weil dort fast alle Erzieher*innen positiv getestet waren. Ich selbst lag mit positivem Test und Symptomen des Todes flach und hatte nur eine einzige Aufgabe: nicht die Tochter anstecken. Also: Abstand halten. Aus dem Weg gehen. Dafür sorgen, dass das Kind sich allein beschäftigt. Möglichst in einem anderen Raum.

Das ist jedoch gar nicht so leicht, wenn der große Bruder um 7.45 Uhr bereits das Haus verlassen hat und der kleinen Schwester ab 7.47 Uhr schon uneeeendlich dolle laaaaaaaaaaaaaangweilig ist. Ich hingegen war noch so müde von einer durchhusteten und fiebrigen Nacht, dass ich einen Entschluss fasste. Eine Notlösung, da extreme Situationen (und das hier war eine) nun einmal extreme Entscheidungen erfordern: Die eiserne Regel „Nach dem Aufstehen kein Fernsehen" musste in diesem Ausnahmezustand gebrochen werden. Und so erlaubte ich unserer zunächst noch völlig perplexen und ungläubigen Tochter tatsächlich bereits um kurz vor acht Uhr morgens, sich einen Film anzusehen. Wohlgemerkt einen, den sie bereits kannte (und ich auch), damit ich sie allein vorm Bildschirm lassen und mich noch einmal hinlegen konnte. Und um mein Gewissen damit zu beruhigen, dass ich zumindest Regel Nummer eins aufrechterhalten hatte.

Die Wahl fiel ihr leicht, und so wanderte die DVD von *„Paw Patrol – der Film"* genauso schnell ins Abspielgerät wie ich zurück ins Bett. Ganze 86 Minuten lang hatte ich nun Zeit für erholsamen (und bitter nötigen) Schlaf. Doch die fühlten sich an wie keine Viertelstunde: Marshall, Rubble, Chase und Co. retteten die Abenteuerstadt in Überschallgeschwindigkeit. So kam es mir zumindest vor. Mitten aus einem wunderbaren Traum riss mich der Ruf meiner Tochter: „Feeeeeeertig!" Niemals waren das knapp anderthalb Stunden! Waren es doch, verriet der Blick auf die Uhr. Nur dass ich mich noch müder und kranker als zuvor fühlte. „Was kann ich jetzt machen, Mama?", strahlte die Tochter mich an. „Kannst du mir was vorlesen?" Das konnte ich nicht. Zum einen, weil ich

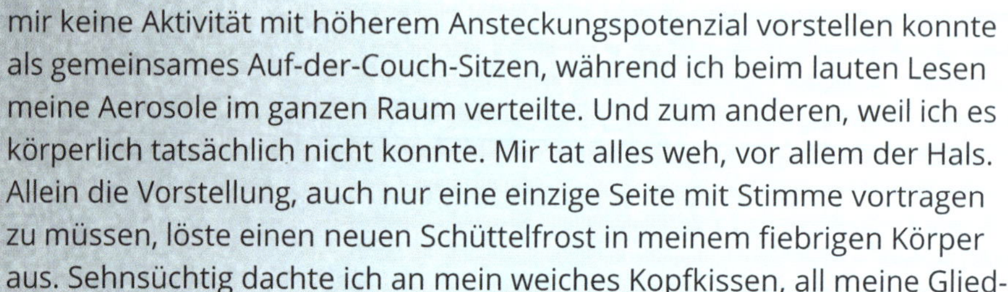

mir keine Aktivität mit höherem Ansteckungspotenzial vorstellen konnte als gemeinsames Auf-der-Couch-Sitzen, während ich beim lauten Lesen meine Aerosole im ganzen Raum verteilte. Und zum anderen, weil ich es körperlich tatsächlich nicht konnte. Mir tat alles weh, vor allem der Hals. Allein die Vorstellung, auch nur eine einzige Seite mit Stimme vortragen zu müssen, löste einen neuen Schüttelfrost in meinem fiebrigen Körper aus. Sehnsüchtig dachte ich an mein weiches Kopfkissen, all meine Gliedmaßen sehnten sich nach Ruhe und Dunkelheit und Schlaf. Aus Ermangelung an Alternativen und vor allem aufgrund endloser Verzweiflung, warf ich daher alle Prinzipien über Bord: „Hast du Lust, den Film noch einmal zu sehen?“, fragte ich hoffnungsvoll.

Ich raffe die Ereignisse der kommenden Stunden zusammen. Aus dem einfachen Grund, dass sie sich in identischer Form wiederholten: Bis mein Sohn aus der Schule kam, hatte meine Tochter den *Paw-Patrol*-Kinofilm ganze viermal hintereinander gesehen. Ich habe das mal ausgerechnet, um es mit sämtlichen vorliegenden pädagogischen Empfehlungen rund um Bildschirmzeiten im Vorschulalter abzugleichen: Vier mal 86 Minuten *Paw Patrol*, das macht … Ach, vergessen wir das, es ist eine Vollkatastrophe! Aber ganz im Ernst: Was hätte ich tun sollen?

Ich tröste mich mit dem Gedanken, dass ich es durch die Dauer-Fernsehberieselung im Nebenzimmer tatsächlich geschafft habe, meine Tochter nicht mit Corona anzustecken. Und mir selbst ging es durch den verschlafenen Vormittag am nächsten Morgen auch endlich ein wenig besser.

Was in meiner Erinnerung einer der schlimmsten Tage der gesamten Pandemie war, ist für meine Tochter übrigens noch heute das Highlight des Jahres: „Weißt du noch, Mama, als ich den ganzen Tag *Paw Patrol* gucken durfte? Das war toll!“ Wenn ich dann in ihr strahlendes Gesicht blicke und erkenne, dass ich an diesem Tag eine kleine Kindheitserinnerung geschaffen habe, die sie vermutlich wirklich nie vergessen wird – ja, dann finde ich zumindest in diesem kurzen Moment viermal 86 Minuten *Paw-Patrol*-Gucken plötzlich gar nicht mehr so schlimm. ❤

Gastautorin

Katrin ist Mutter eines Sohnes und einer Tochter. Ihre Liebe für Video- und Wortspiele teilt die Webentwicklerin unter dem Namen @loonymoon auf Twitter.

VIEL GLÜCK ZUM NICHTGEBURTSTAG

WIE ICH ES NICHT GEBACKEN BEKOMMEN HABE, DEN VIERTEN GEBURTSTAG MEINES SOHNES ZU ORGANISIEREN

Die Kindergeburtstagsfeier – sie zählt in meinen Augen zur Königsdisziplin all der wichtigen Tage im Jahr für unsere Kleinen. Es ist die Feier, die direkt nach Beenden wieder herbeigesehnt und von der jeden Monat mindestens einmal ein Countdown-Update angefragt wird.

Unsere beiden Kinder haben in den Sommerferien Geburtstag. Da mein Mann selbst im Winter Geburtstag hat und davon kein großer Fan ist, hielten wir es für eine brillante Idee, die Geburtstermine so zu planen. Es stellte sich heraus, dass wir nicht ganz so clever waren. Es ist leider recht kompliziert, nach den Schulferien nachzufeiern. Und das Ganze zweimal macht es doppelt umständlich. Die Schwester hat Ende August ihren Tag. Mit dem haben wir oft noch Glück, wenn die Ferien rechtzeitig enden und ihre Freunde bereits aus dem Urlaub zurück sind. Der Kleine wurde Ende Juli geboren, was immer in den Ferien liegt. Die ersten Jahre kannte er seinen besonderen Tag darum nur mit uns, Oma und Paten, nicht zuletzt aufgrund von Corona.

Den vierten Geburtstag wollten wir nun endlich einmal auch „richtig" für unseren Kleinen feiern. Aber just in dem Jahr war uns selbst der Geburtstag der Großen nicht vergönnt, denn zu dem Zeitpunkt waren wir gerade in Quarantäne. Was bedeutete, dass wir ihre Feier auf ein späteres Wochenende verschieben mussten. Was nach sich zog, dass auch die Feier für den Kleinen weiter nach hinten rückte. Das Kind, das noch nie hatte groß Geburtstag feiern können, wurde also erneut vertröstet. Er vermisste nichts, aber das eigene Gewissen klopfte immer an die holzige Kopfwand, um daran zu erinnern, dass er es auch verdient hat.

Und so zog irgendwie die Zeit immer weiter ins Land. Das schlechte Gewissen blieb. Und als es dann schon Winter war, fiel es uns schwer, zu einem Geburtstag einzuladen, der fast ein halbes Jahr zurücklag. Letzten Endes kam mir die rettende Idee. Es war Dezember. Was kann man Feierliches mit Kindern in der Vorweihnachtszeit veranstalten? Kekse backen!

So durfte sich unser Sohn ein paar Freunde aussuchen, die kommen sollten. Als die Eltern fragten, was er sich wünscht, entgegnete ich, dass es reiche, wenn sie die Keksdekoration besorgten, um so viel wie möglich buntes Zuckerzeug dazuhaben. Ich bereitete Teigbälle vor und legte die Keksformen liebevoll auf dem Tisch bereit.

Der Kleine war voller Vorfreude und konnte es nicht erwarten. Als dann seine Freunde endlich da waren, wurde der Teig emsig auf dem nackten Eichenesstisch ausgerollt. Ich hatte natürlich nicht daran gedacht, eine abwaschbare Tischdecke zu besorgen. So war es nicht unbedingt die hygienischste Art, hatte eher etwas von „Pippi feiert Weihnachten", aber beschwert hat sich keiner. Im Gegenteil. Eine Mutter beruhigte mich damit, dass die Bakterien im Ofen sowieso abgetötet werden würden, und wir lachten entspannt darüber.

Die Kids hatten eine wahre Freude daran, Kekse auszustechen, und baten immer wieder darum, ein wenig Keksteig naschen zu dürfen. Heute war alles okay. Es war sein Tag.

Nach dem zweiten Blech zogen sich die Kids zum Spielen zurück, und wir Mütter übernahmen den restlichen Teig. Zum Dekorieren kamen die Zwerge dann aber doch wieder dazu, um bunte Zuckerperlen, rosa-weiße Blümchen und lustige Augen auf den Keksen zu platzieren. Ein paar Dekorationen wurden umgeleitet und fanden fast unbemerkt ihren Weg direkt in den Mund. Nachdem die köstlichen Kunstwerke fertig gebacken waren, wurden sie auch gleich verkostet. Als alle satt waren, wurde weiter gespielt. Der Zucker schoss ins Blut, und das Schicksal nahm seinen Lauf. Gelächter und Geschrei waren kaum mehr zu unterscheiden, und es wurde Zeit, die Weihnachtsbäckerei zu schließen und den verdienten besonderen Tag des Kleinen noch einigermaßen würdevoll ausklingen zu lassen.

Das winterliche Nachfeiern für unser Sommerkind war also ein voller Erfolg. Der nicht stattgefundene eigentliche Geburtstag wurde nie wieder erwähnt. Geschenke waren überhaupt nicht wichtig. Unser Sohn hat kein einziges Mal danach gefragt. Der große Kleine wollte einfach seinen Tag mit seinen Freunden verbringen und Dinge tun, die er gern tut. Er war glücklich und redete unablässig davon! Seitdem freut Mutti sich, dass sie noch ein weiteres Event im Jahr planen darf. Aber noch mehr freut sie sich darüber, dass ihr Kleiner eine so schöne Kindheitserinnerung gewonnen hat.

Und damit endet die Geschichte, wie der Geburtstag kein Plätzchen fand, wir am Ende dafür viele Plätzchen backten. ♥

SENDUNG MIT DER MAMA

WIE ICH DIE WICHTIGEN (UND UNWICHTIGEN) FRAGEN DER MAUS UND CHECKER TOBI ÜBERLIESS

„Mama, woher kamen eigentlich die Dinos?"
„Ähm ... die ... puh, also ... Ich denke, die stammten von anderen Organismen ab. So wie wir Menschen. Von so ganz kleinen. Also, so ganz, ganz winzig kleinen."
„Du meinst Einzeller?"
„Ja, genau! Woher kennst du denn Einzeller?
„Von Checker Tobi."

Diesem Dialog mit meiner zu diesem Zeitpunkt sechsjährigen Tochter muss ich eine wichtige Info hinterherschieben: Ich glaube, ich bin nicht ungebildet. Meine Allgemeinbildung mag ihre Schwächen haben (siehe oben), aber ganz grundsätzlich sind da keine Wissens- oder allgemeinen Verständnislücken, für die ich mich total schämen würde. Na gut, vielleicht ein paar kleinere. Aber nichts Eklatantes.

Und dennoch: Meine Kinder schaffen es mit ihren Fragen immer wieder, dass ich mir wie der dümmste Mensch der Welt vorkomme. Ich meine: Natürlich weiß ich, wie der Regen in die Wolken kommt. Und dass Schnee gefrorener Niederschlag ist. Aber jetzt hat der Mann im Radio gerade gesagt, dass es heute Schneeregen geben wird, und was der Unterschied zwischen Schnee und Schneeregen ist, also nicht die Art des Herunterkommens, denn das Ergebnis sieht man ja, sondern die Art der Entstehung, und warum es heute nicht richtig schneit, sondern eben nur schneeregnet, obwohl es doch so kalt ist – das weiß ich nicht.

Ich wusste auch nicht, dass der Wanderfalke (und nicht der Gepard) das schnellste Tier der Welt ist. Oder dass es etwa drei Billionen Bäume auf der Welt gibt. Und etwa 1,3 Milliarden Autos. Dass die Kaka-Klopse von Wombats gar keine Klopse sind, sondern würfelförmig. Und dass Kühe beste Freunde haben können. Oder dass die Sonne etwa 6000

Grad Celsius heiß ist. Doch blöderweise sind genau das die Dinge, die meine Kinder wissen wollen.

Viele dieser Dinge kann man googeln. Aber eben nicht alle. Denn manche Dinge lassen sich nicht mit einer einzigen Suchanfrage (er)klären. Die Sache mit dem Schneeregen zum Beispiel. (Ich hab's probiert, wirklich.) Oder die Frage, woher wir Menschen eigentlich kommen, warum wir uns weiter entwickelt haben als andere Lebewesen, was die Pubertät ist und wann sie genau beginnt, warum Menschen zum Kindergebären ins Krankenhaus müssen und Tiere nicht, was passiert, wenn ein Mensch stirbt, und woher die Eisbären wissen, wann sie schlafen gehen sollen, wenn doch am Nordpol sechs Monate lang die Sonne nicht untergeht.

Zu all diesen Fragen kann ich Antworten geben. Mehr oder weniger. Aber das sind keine, die Kinder zufriedenstellen. Und wenn ich es doch probiere, habe ich manchmal das Gefühl, wir beide, also das fragende Kind und ich, fühlen uns hinterher dümmer als vorher. Weil meine Erklärungen mehr neue Fragen aufwerfen, als dass sie echte Antworten geben würden. Das Gute aber ist: Es gibt Menschen, die können das mit dem Kinderfragenbeantworten richtig gut. Zufriedenstellend gut. Und die tun das hauptberuflich. Ob es die Redakteure und Redakteurinnen der „Sendung mit der Maus" oder „Checker Tobi" sind, die Macher und Macherinnen von „StoryBots" oder von anderen tollen Formaten für und rund um Kinderfragen: Ich habe es längst aufgegeben, ihren Job zu übernehmen. Sie können es einfach besser!

Wenn man sich das erst einmal eingestanden hat, fällt es auch gar nicht mehr schwer, auf die professionellen Erklärer und Erklärerinnen zu verweisen.

Und sich manchmal einfach heimlich dazuzusetzen, wenn sie die gut recherchierten Antworten auf die vielen kleinen und großen Fragen dieser Welt in leicht verständliche Wörter verpacken. Denn jetzt will ich auch unbedingt wissen, woher die Dinos eigentlich kamen. Hoffentlich hat Checker Tobi dazu eine Folge gemacht. ❤

DAS ESSEN IM BUS SCHMECKT SUPERGUT, SUPERGUT, SUPERGUT

WIE ICH MEINEN KINDERN IHR ABENDESSEN IN DER BUSLINIE 5 SERVIERTE

„Fehler sind dazu da, um aus ihnen zu lernen. Aber du musst nicht jeden Fehler selbst machen. Du darfst auch aus Fehlern von anderen lernen." Diese Weisheit hat mein Vater mir auf dem Höhepunkt meiner Pubertät mitgegeben. Schon damals hat mir diese Idee gefallen. Heute, als Mutter, tut sie das erst recht.

Denn Fehler kann man ja bekanntlich wahnsinnig viele machen, wenn man Kinder hat. Und ich schaue wirklich gern auf die Verfehlungen anderer, wenn das bedeutet, dass mir selbst dadurch eine Lektion erspart bleibt. Das ist gar nicht so unfair, wie es im ersten Moment klingt. Schließlich begehe ich im Gegenzug selbst jede Menge Fehler, auch öffentlich und für alle gut sichtbar, die dann niemand mehr selbst ausprobieren muss.

Was aber unfair ist – und dessen bin ich mir durchaus bewusst –, ist dieses arrogante Überlegenheitsgefühl, das sich schnell und fies in mein Unterbewusstsein schleicht, immer dann, wenn ich zwischen Eltern und Kind eine Szene beobachte, in der in meinen Augen gerade jemand einen gewaltigen Fehler begeht. Zum Beispiel die Eltern, die ich im Restaurant beobachtet habe, als sie ihrem Baby vier (!) Quetschies hintereinander in die Hand gedrückt haben. Oder die Mutter beim Kinderturnen, die ihrer Tochter zuckerhaltigen Eistee zum Trinken gab, obwohl alle andere Eltern Wasser dabeihatten. Oder die andere Mutter, die in den Bus mit einem Buggy einstieg – in dem ein sechs oder sieben Jahre altes Kind saß. In meinem Kopf malte ich mir schon aus, dass das Baby aus dem Restaurant sicher mit den ersten Zähnen direkt Karies bekommt, das Eistee-Mädchen ganz bestimmt sein Leben lang übergewichtig sein wird, da nützt auch das Turnen nichts, und das Kind im Buggy niemals selbstständig werden würde, wenn es sich selbst im Vorschulalter noch herumkutschieren lässt. In allen drei Fällen (und in vielen weiteren, die ich hier jetzt nicht aufzähle) stand für mich als Beobachterin fest: Diesen schlimmen Fehler mache ICH natürlich NICHT! Um fast im selben Atemzug empört zu hinterfragen: Was denken sich die Eltern nur dabei?

Denn wenn man mal ehrlich ist: Es fällt schwer, einfach nur zu beobachten, ohne zu verurteilen. Dabei gibt es für all die kleinen Ausschnitte, die wir aus dem Familienleben anderer in der Öffentlichkeit miterleben, oft zahlreiche Erklärungen (die wir eben nicht kennen). Vielleicht zahnt das Baby im Restaurant oder hat eine schmerzhafte Aphthe im Mund, und die vier Quetschies sind gerade das einzige Nahrungsmittel, das die Eltern tränenfrei in ihr Kind

hineinbekommen. Vielleicht hat die Mutter beim Kinderturnen einfach die Wasserflasche zu Hause vergessen, oder das Kind trinkt insgesamt zu wenig und muss mit süßen Getränken dazu animiert werden. Und vielleicht hat das in meinen Augen für einen Buggy viel zu große Kind eine temporäre Verletzung oder sogar (und jetzt bekomme ich beim Schreiben ein schlechtes Gewissen) eine dauerhafte Einschränkung und kann deshalb nicht so laufen, wie meine Kinder es mit sechs oder sieben Jahren getan haben. Und vielleicht ist nichts davon wahr – aber selbst dann steht es mir nicht zu, jemanden zu verurteilen, weil ich von außen absolut nicht beurteilen kann, wie es zu den Szenen gekommen ist.

Leider kommen mir diese Gedanken immer erst hinterher, selten im Moment selbst. Und noch während ich im allabendlichen Feierabendgedrängel mit meinem eigenen Nachwuchs im Bus stehe, nach Sitzplätzen Ausschau halte, was um diese Uhrzeit ein utopisches Unterfangen ist, und (vielleicht auch deshalb) gedanklich die Mutter verurteile, die direkt

neben uns ihr viel zu großes Kind im Buggy sitzen lässt, höre ich mich zu meinen Kindern sagen: „Wir sind spät dran, wir haben zu Hause keine Zeit mehr zum Abendessen, ihr müsst schnell ins Bett, wir essen hier."

Ich bin sicher: Alle Eltern, die mich an diesem Tag mit meinen Brotdosen und Feuchttüchern in der Hamburger Buslinie 5 (Europas meistgenutzte Buslinie, was ich in diesem Moment mal wieder deutlich zu spüren bekomme) zwischen den Haltestellen Dammtor und Hoheluftbrücke dabei beobachten, wie ich mit einer Hand (die andere brauche ich, um wahlweise die Kinder, die Brotdosen oder mich krampfhaft festzuhalten, damit weder sie noch das Essen noch ich gleich durch den ganzen Bus kullern) probiere, ausreichend Brötchenstücke und vorgekochte Nudeln in meine beiden protestierenden Kinder zu bekommen, sodass die Menge als vollwertige Mahlzeit durchgehen kann, ja, die verurteilen mich in diesem Moment vermutlich auch in ihren Gedanken, fühlen sich vielleicht ein kleines bisschen überlegen und denken: Himmel, hilf, was ist mit dieser Mutter los, so etwas würde MIR niemals passieren!

Auf der anderen Seite werden sie aber auch, nachdem sie diese Szene beobachtet haben, vermutlich niemals auf die Idee kommen, das Familienabendessen in einem überfüllten öffentlichen Verkehrsmittel zu sich zu nehmen – vollkommen egal, wie sehr sie sich auch in der Tagesplanung verzettelt haben.

Ganz im Ernst: gern geschehen! ❤

ELTERN INKLUSIVE
WIE ICH MEINEN SOHN BEIM FUSSBALL-CAMP ANMELDETE, OHNE DAS KLEINGEDRUCKTE ZU LESEN

Ich bin die Kassenwartin im Fußballverein meines Sohnes und kenne jederzeit den Kontostand seiner Mannschaftskasse auf den Cent genau. Das bedeutet aber leider nicht, dass ich einen besonders guten Überblick über seine Vereinsaktivitäten im Allgemeinen habe. Im Gegenteil.

So ahnte ich auch vorab nichts von dem geplanten Zeltlager im niedersächsischen Jever: Als ich das Event entdeckte in der App, mit der wir Eltern alle Termine rund ums Fußballtraining und die Punktspiele koordinieren, waren bereits einige der limitierten Plätze belegt, und in mir wuchs sofort die Sorge, zu spät dran zu sein. Schnell überflog ich die Eckdaten: Ein ganzes Wochenende sollten die Sieben- und Achtjährigen gemeinsam unterwegs sein, auf einem Campingplatz mit Badesee und Pizzeria, die Trainer würden Fußbälle und kleine Tore mitbringen, damit die Kinder sich tagsüber ausreichend verausgaben könnten. Am Sonntagmorgen würde dann der Höhepunkt starten: ein groß angelegtes, ganztägiges Turnier mit Tombola und allem Drum und Dran. Eine der Veranstaltungen, bei denen am Ende jedes Kind, egal welchen Platz seine Mannschaft belegen würde, einen kleinen Pokal mit nach Hause nehmen würde.

Ich hatte die Eventbeschreibung noch gar nicht bis zum Ende gelesen, da hatte ich schon auf „Anmelden“ geklickt. Natürlich sollte mein Sohn so ein Highlight nicht verpassen! Ein kurzer Austausch mit den Eltern seiner Freunde ergab: Auch sie hatten ihre Jungs angemeldet. Es würde eine tolle Erfahrung werden für die Clique – und ein entspanntes Wochenende für uns Eltern, die wir uns alle über das fast dreitägige Betreuungsprogramm freuten.

Insgeheim schmiedete ich schon Pläne: Wenn ich es schaffen würde, die kleine Schwester an diesem Wochenende bei Oma und Opa unterzubringen, stünde meinem Mann und mir ein komplett kinderfreies Wochenende zur Verfügung! Ob wir wegfahren sollten? Oder lieber die Ruhe zu Hause genießen? Bis mittags ausschlafen und abends schick essen gehen?

Ich plante fröhlich vor mich hin, organisierte Schlafsack und Isomatte für unseren Sohn, ein Wochenende bei den Großeltern für unsere Tochter und einen Platz in meinem Lieblingsrestaurant für meinen Mann und mich. Und fragte mich, wann wohl die Information zur Anreise erfolgen würde. Würde der Verein einen Reisebus mieten? Oder hatten die Trainer genügend Platz in ihren Autos, um alle Jungs mitzunehmen? Vielleicht gab es auch eine sinnvolle Bahnverbindung von Hamburg aus? Mir war alles recht, denn für meinen Mann und mich, die Daheimbleibenden, konnte dieses Camping-Wochenende unseres Sohnes nur schön werden.

Also, das wäre es sicher geworden. Wenn es tatsächlich ein Camping-Wochenende für unseren Sohn gewesen wäre. War es aber gar nicht. Zumindest nicht ausschließlich: Das Ganze war als Eltern-Kind-Event geplant. Fußballkinder UND ihre Mütter oder Väter sollten gemeinsam nach Jever kommen, Quality Time verbringen, im Zelt übernachten, sich auf das Turnier am Sonntag freuen. Das stand ganz sicher auch irgendwo in der Beschreibung, die man hätte lesen sollen, bevor man sein Kind (und sich selbst) für dieses Wochenende anmeldet. So weit hatte ich nur nicht gelesen.

Zu meiner Verteidigung: Ich war in meiner kleinen WhatsApp-Gruppe mit ausgewählten Fußball-Eltern-Freundinnen und -Freunden nicht der einzige Elternteil, der diesem Irrtum aufgesessen war. Das änderte aber nichts an der Tatsache, dass mindestens einer von uns sich dem Camping-Spaß anschließen musste, um vor Ort die Aufsicht für die kickende Clique zu übernehmen. Eine Wiedergabe des amüsanten Auswahlverfahrens, wer von uns Eltern das große Los ziehen sollte, würde hier den Rahmen sprengen, daher springe ich direkt zum Ergebnis:

Ich organisierte Wurfzelt, Luftmatratze und einen Schlafsack für mich, sagte den Tisch im Restaurant ab und machte mich (zugegeben, erst am Samstag, nicht am Freitag – denn zwei Nächte auf der Luftmatratze hätte ich nicht ausgehalten) mit drei gut gelaunten Achtjährigen auf der Rückbank auf den Weg nach Jever.

Ich mache es kurz: Camping ist nichts für mich. Schon unter normalen Umständen gefällt mir der Gedanke, auf einer dünnen Nylonmatratze und nur unter einer Hülle aus Polyester (die noch dazu jederzeit von außen geöffnet werden kann) zu

schlafen, keineswegs. Von den sanitären Anlagen fange ich gar nicht erst an.

Bei diesem unfreiwilligen Freiluftaufenthalt kam allerdings erschwerend hinzu, dass mein Sohn sich (ob nun vor Aufregung oder aufgrund des vielleicht etwas zu speziellen „Spezial-Burgers" aus der Campingplatz-Pizzeria) derart in seinen eigenen Schlafsack übergeben musste, dass ich ihm für die Nacht meinen geben und selbst gänzlich ohne schlafen musste. Das natürlich erst, nachdem ich mehrere Stunden gemeinsam mit ihm in besagten sanitären Anlagen verbracht hatte, da ihm erneut übel wurde. Fazit: Wir schliefen wenig, und das auf harten Matten in einem Geruch nach Erbrochenem. Am Morgen war mein Sohn so erschöpft und noch immer blass im Gesicht, dass er am Turnier selbst nicht teilnehmen konnte.

Ich weiß, es klingt unglaubwürdig, aber: Das alles wurde trotzdem zu einem der wunderbarsten Erlebnisse, die ich (bislang) mit meinem Sohn und seinen Freunden teilen durfte. Es war aufregend, einmalig und selbst mitten in der Kotze-Nacht zum Tränen-Lachen witzig (als wir zum Beispiel alle gemeinsam probierten, den Schlafsack voller Erbrochenem unfallfrei aus dem Zelt zu bugsieren). Bevor es meinem Sohn den Magen umdrehte, spielten er, seine Freunde und ich Fußball, bis wir umfielen. Wir rannten zum viel zu kalten Badesee, aßen unkontrolliert viele Süßigkeiten, hörten laut Einschlaf-Hörspiele und gingen auf Schatzsuche. Am nächsten Tag, während mein Sohn und ich am Spielfeldrand anfeuerten und mitjubelten, holten seine Jungs dann auch noch den dritten Platz beim eigentlichen Event, dem Fußballturnier. Ich will den ganzen „Genieß die Zeit jetzt, sie werden so schnell groß und wollen nichts mehr mit dir unternehmen"-Unkenrufen nicht zu viel Glauben schenken, aber in diesem Fall bin ich sicher: Ein solches Wochenende werden wir vermutlich kein zweites Mal erleben. Und wir hätten es auch nie erlebt, wenn ich das Kleingedruckte bei der Anmeldung gelesen hätte – denn hätte ich von Anfang an gewusst, dass ich mitmuss, dann hätte ich ihn (beziehungsweise uns) gar nicht erst angemeldet.

Ich will keine Werbung dafür machen, Dinge nur noch fahrlässig zu lesen, bevor man ihnen zustimmt. Aber in diesem einen sehr besonderen Fall war es tatsächlich ein großes Glück, dass ich von den Verpflichtungen, die an dem einfachen Klick auf den „Anmelden"-Button dranhingen, keine Ahnung hatte. ❤

IHR ELTERNLEIN KOMMET (TEIL I)
WIE ICH DEN TAG DER OFFENEN TÜR AN DER SCHULE VERPASSTE (AUS VERSEHEN)

Das Szenario, das entsteht, wenn ich meinen Sohn von der Schule abhole, existiert in exakt zwei Extremen. Entweder er steht bereits angespannt am Schultor und verdreht genervt die Augen, wenn ich vier Minuten nach Schulschluss ENDLICH in seinem Sichtfeld erscheine, VIEL zu spät natürlich, denn diese vier Minuten hätte man, also er, ja schon deutlich sinnvoller nutzen können, wenn man, also ich, endlich mal pünktlich erscheinen würde. Oder aber ich stehe angespannt am Schultor, verdrehe erst genervt die Augen und schaue dann hektisch alle paar Sekunden auf meine Uhr, weil ich zwischen all den riesigen Ranzen auf zwei Beinen denjenigen, der zu unserer Familie gehört, nicht entdecken kann. Bis er, irgendwann, natürlich keine vier, sondern mindestens vierzehn oder vierundzwanzig Minuten später, tiefenentspannt angeschlurft kommt und überrascht fragt, warum ich denn so einen Stress machen würde, man werde sich ja wohl mal verspäten können.

An diesem Tag am Ende seines ersten Jahres an der Grundschule aber war es anders. Tom stand nicht am Schultor, als ich pünktlich zum Schulschluss (na gut, vier Minuten nach Schulschluss) zum Abholen dort hinkam. Es standen aber auch keine wartenden Eltern dort, zu denen ich mich hätte gesellen können. Stattdessen wuselten diese in heiterer Melange mit den Schülerinnen und Schülern über den Schulhof (wo wir Eltern normalerweise nichts zu suchen haben), hielten Händchen mit ihren Kindern, betraten sogar die Gebäude (wo wir Eltern erst recht nicht erwünscht waren). Was war hier los?

Zwischen all den kleinen und ungewohnt großen Menschen sah ich plötzlich meinen Sohn Tom über den Schulhof schlendern. Neben ihm kein Elternteil (wie auch, ich war ja hier und mein Mann bei der Arbeit), sondern sein Mitschüler Finn. Ausgerechnet Finn, dachte ich, der schulweit bekannt dafür war, immer Ärger zu machen. Aber für Vorurteile war jetzt keine Zeit, ich musste herausfinden, was zum Geier sich hier gerade abspielte. Und dafür musste ich Tom und Finn nicht einmal in ihrem Gespräch stören, denn endlich fiel mir das große Plakat ins Auge, das neben dem (heute ausnahmsweise weit geöffneten) Schultor prangte: TAG DER OFFENEN TÜR! Und darunter, kleiner, um mir mein Versagen noch einmal deutlicher unter die Nase zu reiben und dem metaphorischen Dolch, den ich bereits jetzt in meinem Herzen spürte, eine schmerzhafte 360-Grad-Drehung zu verpassen: Herzlich willkommen, liebe Eltern! Schön, dass ihr da seid!

Ich war nicht da gewesen. Die Bastelangebote (teils von engagierten Eltern mitorganisiert) waren bereits beendet. Die Ansprache der Direktorin ebenfalls. Der Kuchenverkauf, die Spendensammelaktion, die kleine Vorführung der Viertklässler – ich hatte alles verpasst. Und ja, natürlich fiel mir jetzt wieder ein, dass all diese Dinge heute stattfinden sollten. Oder ehrlicherweise: dass sie irgendwann stattfinden sollten. Ich erinnerte mich an den roten Zettel, den ich aus Toms Schulranzen gefischt hatte und der das Event angekündigt hatte. Ich erinnerte mich sogar daran, wie ich hoch engagiert dachte: Ach, schau, vielleicht organisiere ich ja eines der Bastelangebote! Was war dann passiert? Wo war dieser Zettel abgeblieben? Hing er am Kühlschrank? Warum hatten wir kein einziges Mal über diesen Tag gesprochen? Nicht, dass es mir persönlich wichtig gewesen wäre, mit Abc-Schützen und -Schützinnen Fensterbilder zu basteln und mit fremden Eltern trockenen Kuchen für 1,50 Euro das Stück zu essen. Aber es wäre mir wichtig gewesen, meinem Sohn zu zeigen, dass ich mich für seine Schule, für IHN interessiere.

„Es tut mir so leid!", begrüßte ich meinen Sohn endlich. „Ich wusste nicht, dass das heute ist! Wieso hast du gestern nichts gesagt?" Tom sah mich an, und ich konnte seine Stimmung noch nicht deuten. War er sehr traurig, weil ich nicht gekommen war? Hatte er vielleicht sogar geweint? Hatte ich einen irreparablen Vertrauensbruch fabriziert?

„Ich hab mich die ganze Zeit gefragt, ob du noch kommst", gab er schließlich zu. „Aber Finns Mama war auch nicht da, also haben wir uns alles zu zweit angesehen."

Natürlich war Finns Mama nicht da, das passte ja, dachte ich noch. Bis mir wieder einfiel, dass ich selbst auch nicht da gewesen war und dass es mir überhaupt nicht zustand, irgendjemanden in eine Schublade zu stecken. Und dann dachte ich über die Worte nach, die mein Sohn gerade gesagt hatte. Keine vollständige, aber eine Spur von Erleichterung machte sich breit in meinem Organismus. Er hatte keinen schlimmen Tag gehabt. Sicherlich auch keinen sehr guten.

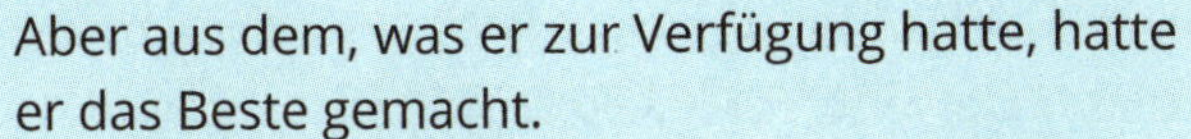

Aber aus dem, was er zur Verfügung hatte, hatte er das Beste gemacht.

Erst sehr viel später an diesem Tag kam Tom zu mir: „Mama, das war eigentlich ganz cool heute. Und es wäre auch irgendwie blöd gewesen, wenn du doch noch gekommen wärst. Dann wäre Finn ja ganz allein gewesen." In diesem Moment entschied ich, dass ich kein schlechtes Gewissen mehr haben musste. Aber mir trotzdem dringend einen Familienkalender anschaffen sollte.

IHR ELTERNLEIN KOMMET (TEIL II)

WIE ICH DEN TAG DER OFFENEN TÜR AN DER SCHULE VERPASSTE (MIT VOLLER ABSICHT)

Zwei Jahre lang hatte ich coronabedingt keine Chance, meinen Fauxpas des verpassten Tags der offenen Tür nachzuholen. Dann, 2022, war es endlich so weit: In diesem Jahr würde ich alles wieder gutmachen, was 2019 schiefgelaufen war. Ich würde eine der engagierten Mütter sein, die ein Bastelangebot vorbereiteten. Ich würde meinem Sohn zeigen: Ich bin da! Du kannst auf mich zählen! So etwas passiert mir nicht noch einmal! Den Termin hatte ich uns schon vor Wochen dick und fett im Familienkalender eingetragen.

Das Problem war nur: Rund um den Termin des Tags der offenen Tür gesellten sich weitere Termine. Eine wichtige Deadline bei einem meiner Auftraggeber. Unser Umzug. Das Gespräch mit der Versicherung. Das Kennenlernen in der neuen Kita unserer Tochter. Ihr Einschulungsgespräch. Und das alltägliche Termingemenge zweier selbstständiger Eltern, die zwischen Kitaviren und Grippewellen irgendwie probierten, ihre Kinder und sich selbst gesund Richtung Weihnachtszeit zu schippern.

Der Teil mit der Gesundheit klappte bei unserer Tochter leider nicht. Die Woche vorm großen Tag konnte sie nicht in die Kita, weil sie zwar nicht Corona, aber irgendeinen anderen fiesen Husten-Schnupfen-Fieber-Virus mitgenommen hatte. Gut, entschied ich, vielleicht würde ich kein Bastelangebot vorbereiten, das schaffte ich einfach nicht mit krankem Kind zu Hause. ABER ich würde vor Ort sein. Mitbasteln, was andere anbieten.

Dann (und ich schwöre, wirklich erst dann!) erreichte uns Eltern die Information zur geplanten Uhrzeit der Veranstaltung. Und ich realisierte: Wenn ich bis zum Ende beim Tag der offenen Tür an der Schule meines Sohnes sein wollte, würde ich meine Tochter nicht pünktlich aus der Kita abholen können. Sie früher abzuholen, um sie mit hinzunehmen, war aber auch keine Option, denn zu dem Zeitpunkt, zu dem ich sie hätte abholen müssen, wäre sie gerade mit ihrer Gruppe auf dem Spielplatz. Ich würde sie also aus der Kita abmelden müssen für diesen Tag, den Vormittag zu Hause mit ihr verbringen, um sie dann mit zur Schule nehmen zu können – ein weiterer Tag ohne Betreuung nach der krankheitsbedingten Woche. Egal, darauf kam es auch nicht mehr an, Hauptsache, ich würde pünktlich an der Schule sein. Wenn ich sie ein oder zwei Folgen *Paw Patrol* gucken ließe, könnte ich immer noch ein wenig Arbeit wegschaffen, bevor wir mit dem Auto zur Schule fahren müssten. Ach verdammt, das Auto hatte mein Mann ja an diesem Tag, okay: Also eine halbe Stunde mehr einplanen, wir müssten den Bus nehmen. Okay, mal im Ernst: Ich würde nicht zum Arbeiten kommen an diesem Tag. ABER ich würde auch verdammt noch mal nicht noch einmal den Tag der offenen Tür verpassen!

Am Abend vor der Veranstaltung brachte ich Tom ins Bett. „Mina und ich kommen morgen mit dem Bus, der ist manchmal etwas spät dran, aber wir kommen auf jeden Fall!“, baute ich vor. Tom nickte – und hustete. Einmal. Zweimal. Ich stutzte. „Hast du Husten?“, fragte ich meinen Achtjährigen. „Ich weiß nicht“, antwortete der und hustete kein drittes Mal, was uns beiden bei der Beantwortung dieser Frage geholfen hätte.

Ich witterte trotzdem meine Chance. Es wäre doch verantwortungslos, ein hustendes Kind in die Schule zu schicken, oder nicht? Und obwohl auch die gesamte Nacht kein weiteres Husten aus seinem Zimmer zu hören war, weckte ich ihn am kommenden Morgen mit einem unmoralischen Angebot: „Aufstehen, Tom! Es sei denn, du fühlst dich krank? Willst du lieber ausschlafen heute, dann melde ich dich ab.“ Aus dem Deckenberg dröhnte ein gequältes „Ausschlafen!“. Welch überraschende Antwort morgens um 6.30 Uhr. (Nicht.) Aber gut, wenn der Arme sich schlapp fühlte, war es sicher besser so.

Also rief ich in der Schule an, meldete meinen Sohn krank und uns beide vom Tag der offenen Tür ab – und legte mich selbst zurück ins Bett.

Wir alle drei haben an diesem Tag bis nach neun Uhr geschlafen. Meine beiden Kinder haben den Vormittag über friedlich miteinander gespielt, ich konnte in Ruhe arbeiten. Gehustet hat mein Sohn kein einziges Mal. Ich rede mir ein: Das lag nur daran, dass ich ihn habe ausschlafen lassen! Wer weiß: Vielleicht wäre er durch die Aufregung und den Stress des Tags der offenen Tür doch noch krank geworden. Und ich vermutlich auch.

Übrigens fanden beide Kinder den „freien" Tag mitten in der Woche großartig. Und haben mich schon gefragt, wann wir „so was" mal wieder machen. Ich warte noch auf die Einladung zum nächsten Tag der offenen Tür ... ❤

LOOK AT ME! AH NE, DOCH NICHT

WIE ICH MICH VON MEINER BESTEN MAMA-SEITE ZEIGEN WOLLTE (UND VERSAGTE)

Stolz ist eine der sieben Todsünden. Meist wird sie sogar als die schwerste, die ursprünglichste von ihnen genannt. Stolz ist die Wurzel der Eitelkeit und die Quelle von Angeberei.

Die folgende Geschichte beginnt mit einem Moment in meinem Leben, in dem ich bis in die Haarspitzen von Stolz erfüllt war.

Eine meiner langjährigsten Freundinnen hatte mich gefragt, ob ich für sie eine Rede halten könnte. Genauer genommen: für ihre Tochter. Als Alternative zur Taufe sollte das Kind auf einem „Willkommensfest" im engen Freundes- und Familienkreis offiziell im Leben begrüßt werden. Und ICH höchstpersönlich sollte die richtigen Worte dafür finden! Ich war begeistert und gerührt von ihrer Bitte. Und – um zur Sünde zurückzukommen – stolz wie Bolle. Denn (auch wenn meine Freundin das so gar nicht formuliert hatte) aus irgendeinem Grund sah ich diese Anfrage nicht nur als Schmeichelei an meine Wort- und Redegewandtheit, sondern auch als Kompliment an meine Elternschaft. Ich war zu diesem Zeitpunkt bereits zweifache Mutter und sicher: Wenn meine Freundin sich entschlossen hatte, dass ich auf so persönliche Art teilhaben sollte an diesem wichtigen Moment in ihrem Familienleben, dann musste ich ja bis hierhin irgendetwas, vielleicht sogar eine ganze Menge, in meinem eigenen Mamadasein richtig gemacht haben. Also zumindest so richtig, dass sie mir zutraute, die passenden Wünsche und Gedanken für ihre Tochter in Worte zu fassen.

Fröhlichsten Mutes und voller Selbstbewusstsein fuhr ich daher mit meiner sorgfältig vorbereiteten Rede und meinen beiden Kindern, damals drei und ein halbes Jahr alt, mit dem Zug von Hamburg Richtung Veranstaltungsort in Berlin. Hach, wie ich mir gefiel in meiner Rolle als Rede haltende Zweifachmutter! Ich würde meinen braven Sohn in der

Sandkiste platzieren, meine unkomplizierte Tochter jemandem in den Arm drücken und fragen, ob er oder sie kurz auf sie aufpassen könne, während ich meine Rede schwingen würde, und schließlich in meinem neuen Sommerkleidchen vor die Gäste treten. Um dann in meiner Rolle als erfahrene Mutter, die weiß, wie man das alles gewuppt bekommt (denn immerhin war ich ja auserwählt worden, hier vorn zu stehen), einige weise Worte an die jungen Eltern und ihr bezauberndes Kind loszuwerden. Danach würden wir Eltern miteinander anstoßen, auf uns, auf die Elternschaft, darauf, dass es oft ganz schön anstrengend sein kann, aber dass man an Tagen wie diesen dann eben doch wieder merkt, wie wundervoll das alles ist. Und dann, nach meinen weisen Worten und einem Glas Sekt, würde vielleicht sogar jemand zu mir kommen, jemand, den oder die ich vorher noch gar nicht kannte, und würde sagen: „Du bist mit zwei kleinen Kindern hier? Und hältst einfach so ganz entspannt eine Rede? Das ist ja Wahnsinn, wie schaffst du das, du Supermom?"

Leider sah die Realität anders aus.

Ich schaffte es nicht. Und schon gar nicht entspannt. Als mein geplanter Auftritt als weise Know-it-all-Mom losgehen sollte, schrie meine Tochter sich gerade die Seele aus dem Leib. Ob ich selbst wohl doch ein klein wenig aufgeregt war und die Anspannung auf meine Tochter übertrug? Neiiiiin, das konnte ja nicht sein, ich war doch die Lässigkeit in Person! An ein Abgeben meines Kindes war jedoch nicht zu denken. Also hielt ich die Rede mit Baby in der Trage vorm Bauch, mit dem ganzen Körper auf und ab wippend im Rhythmus meiner eigenen Worte. Von meinem extra angeschafften Ich-halte-eine-Rede-Outfit war wegen Baby und Trage kaum noch etwas zu sehen. Und da ich selbst durch diese Situation zunehmend verkrampfter wurde, entspannte sich auch mein Kind trotz Trage und Wipperei natürlich kaum. Während es also eigentlich um die Tochter meiner Freundin gehen sollte, blökte sich nun immer wieder meine schlecht gelaunte Tochter lautstark in den Vordergrund und unterbrach meine weisen Worte (die dank ihrer Ablenkung nicht annähernd so fließend aus mir heraussprudelten, wie ich mir das ausgemalt hatte) mit ihrem wiederkehrenden Geschrei. Aber hey, es war zum Glück eine Familienveranstaltung: Wenn man irgendwo auf Verständnis für laute Kinder stoßen konnte, dann hier. Irgendwie brachte ich also trotz weinendem Baby vor der Brust die Rede über die Bühne. Und dann passierte so viel, dass ich es hier Stakkato-mäßig runterschreiben muss, da es sonst ein eigenes Buch füllen würde.

Der große Garten, in dem die Kinder nun toben durften, war noch nass vom Regen – also zogen alle Eltern ihren Kindern Regensachen an. Alle bis auf mich, denn ich hatte zwar ein schickes Sommerkleid für mich, nicht aber Regenklamotten für die Kinder eingepackt. (Wie kann so was passieren?) Damit mein Sohn nicht als Einziger am Rand stehen und zusehen musste oder aber sich einen nassen Hintern holen würde (denn Wechselklamotten hatte ich natürlich auch nicht genug dabei), bastelte ich ihm kurzerhand eine Regenhose – aus einer Aldi-Tüte. Während er in seinem Aldi-Outfit mit zwei anderen Kindern den Sandkasten erforschte, stellte ich mich auf die hölzerne Regenabdeckung desselbigen (warum eigentlich?). Es machte *knack*, und das Holz splitterte in alle Richtungen: Der Sandkasten war kaputt, ich war schuld. Peinlicher kann's nicht werden, dachte ich, als ich später am Abend mit meinen Kindern in den Gästebetten lag.

Doch es wurde peinlicher: Mein Sohn, der seit einem halben Jahr trocken war und nicht mehr eingenässt hatte, machte diese Nacht ins Bett. In ein Bett, das wohlgemerkt nicht etwa meiner Freundin gehörte, sondern ihrer Nachbarin, in deren Wohnung wir freundlicherweise hatten schlafen dürfen, weil sie dieses Wochenende verreist war. Das Ganze war mir so unangenehm, dass ich das Malheur gern heimlich beseitigen wollte, also wusch ich noch in der Nacht Laken, Bettbezug und Daunenbettwäsche. Dafür musste ich mich aber vorher in der mir fremden Wohnung auf die Suche nach Waschmittel machen, wobei ich den Schlüssel eines kleinen Badezimmerschränkchens (in dem natürlich kein Waschmittel war) erst versehentlich abbrach, um den abgebrochenen Teil dann vor Schreck auch noch in die Toilette fallen zu lassen. Okay, das schiebe ich auf die Kinder, beschloss ich, lass den kaputten Schlüssel nachmachen und sende den neuen hierher – Problem gelöst. Schließlich fand ich Waschmittel, schmiss alles in die Waschmaschine und startete den Waschgang. Dann rechnete ich aus, wann ich mir den Wecker stellen müsste, damit ich die nasse Wäsche rechtzeitig von der Waschmaschine in den Trockner räumen könnte. Denn Daunenbettwäsche muss ja in den Trockner, die kann man nicht aufhängen, sonst ist sie ruiniert. Der Trockner. Wo ist hier eigentlich der Trockner?

Es gab keinen Trockner. Und keinen Ausweg für mich, das Malheur unbemerkt zu beseitigen. Also beichtete ich meiner Freundin am nächsten Morgen, dass ich nicht nur die Sandkiste, sondern auch einen Schlüssel kaputt gemacht hatte, dass das Daunenbettzeug nachts voller Kinderpipi gewesen und jetzt zwar gewaschen war, aber dass ich es nicht trocken bekäme und dass wir dringend ihren Trockner dafür nutzen müssten, bevor ihre Nachbarin von ihrem Wochenendtrip nach Hause käme.

Leider besaß auch meine Freundin keinen Trockner. Anstatt mit ihrer Familie in Ruhe zu frühstücken, fuhr sie also mit der nassen Bettwäsche ihrer Nachbarin im Gepäck in den nächsten Waschsalon, um dort einen öffentlichen Trockner zu nutzen. Ich hätte ihr helfen wollen (wirklich), aber dann hätte ich meinen Zug zurück verpasst. Also fuhr ich gesenkten Hauptes, mit kaputtem Schlüssel und schlechtem Gewissen, zum Berliner Hauptbahnhof. Wo ich mit dem Buggy, dem Koffer und den beiden Kleinkindern in den falschen Fahrstuhl stieg – und so doch noch meinen Zug verpasste.

Das war er also, mein großer Auftritt. Ich spürte keinen Stolz mehr, sondern Scham. Ich war keine Supermom. Ich hinterließ eine Spur der Zerstörung, des Babygeschreis und der vollgepullerten Betten. Ich war Desaster-Mom.

Fast zwei Jahre lebte ich – zumindest gedanklich – mit diesem Titel. Bis ich ausgerechnet in den sozialen Medien eines Besseren belehrt wurde: Ich postete auf Facebook den Artikel, von dem ich bereits in einem vorherigen Kapitel erzählt habe. Der mit dem Titel „Ich bin die Mutter, die in der Kita-Garderobe heult“. Eine alte Freundin, die auch auf dem Willkommensfest gewesen war, kommentierte darunter: „Und du bist die Mutter, die ihrem Sohn aus einer Plastiktüte eine Regenhose bastelt.“ Ich las den Kommentar viermal, bis ich realisierte: Das war ein Kompliment.

Es dauerte ein weiteres halbes Jahr, bis ich wieder bei der Freundin in Berlin zu einer Feier eingeladen war und von einem der Gäste erneut auf den Desaster-Tag angesprochen wurde: „Das fand ich so stark von dir, wie du mit Baby vor der Brust deine Rede gehalten hast! Du kannst stolz auf dich sein!“

Nein, für die Sache mit der Daunenbettwäsche und dem kaputten Schlüssel wurde ich im Nachgang nicht mehr gelobt. Aber ich selbst schaffte es nach diesen beiden wohlwollenden Kommentaren schließlich, über all das zu lachen. Und zu verstehen: Es war überhaupt nicht alles ein Desaster. Und vor allem: ICH war kein Desaster. Meine Freundin war mir nach wie vor dankbar, dass ich die Fahrt und die Vorbereitung einer Rede auf mich genommen hatte. Die war (trotz schreienden Babys) auch gut angekommen, bei ihr und ihrer ganzen Familie. Mein Sohn hat in seiner Plastiktütenhose den Spaß seines Lebens gehabt. Selbst meine Tochter hatte sich auf meinem Arm irgendwann wieder beruhigt (nämlich als ich mich beruhigt hatte – logisch). Ich habe tolle Gespräche mit tollen Menschen geführt.

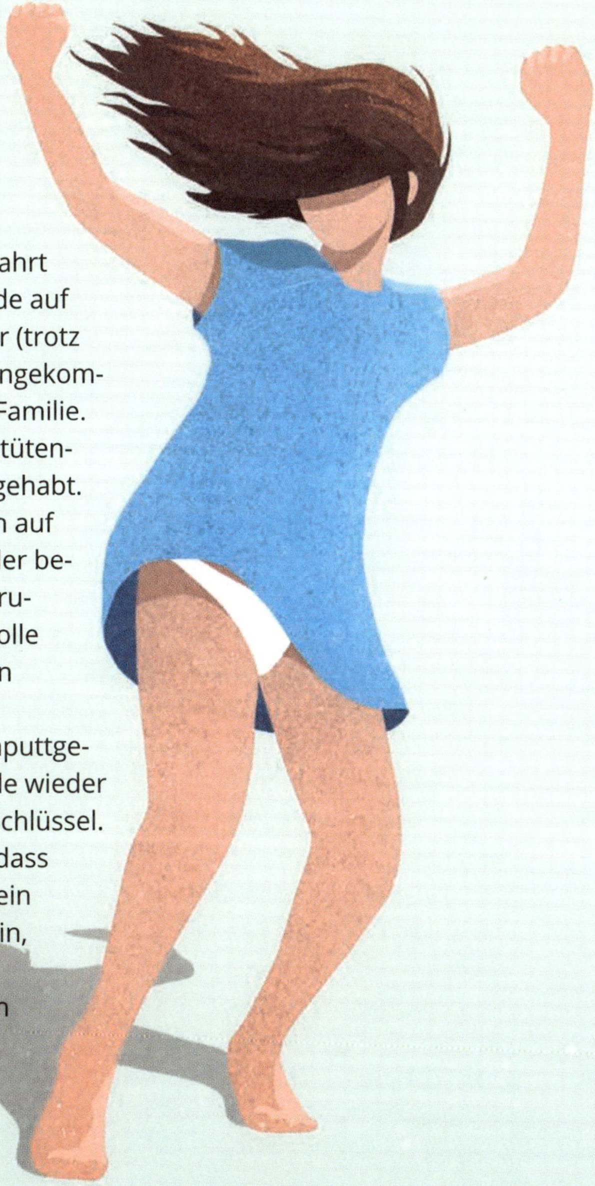

Ja, es sind ein paar Dinge kaputtgegangen. Die ließen sich aber alle wieder reparieren. Okay, bis auf den Schlüssel. Aber das ändert nichts daran, dass ich – Todsünde hin oder her – ein kleines bisschen stolz darauf bin, wie ich diesen Ausflug letztlich gemeistert habe. Und bevor ich mich das nächste Mal selbst verurteile, frage ich vielleicht lieber meine Mitmenschen, ob ich gerade wirklich so versagt habe, wie ich fürchte. ❤

ME-TIME AUF DEM EDEKA-PARKPLATZ
WIE ICH LIEBER DIESEN TEXT SCHRIEB, ALS NACH HAUSE ZU MEINEN KINDERN ZU FAHREN

Kennst du den Film „Marley & Ich" mit Owen Wilson und Jennifer Aniston? Wilson und Aniston spielen darin das Ehepaar John und Jenny, das sich einen Labrador Retriever namens Marley anschafft, um herauszufinden, ob es bereit für Kinder ist. Mit dem Welpen wollen sich die beiden in der Elternrolle ein wenig „ausprobieren". Und entscheiden schließlich: Ja, wir bekommen Kinder.

Es gibt in diesem Film zwei recht ähnliche Szenen, die beide Owen Wilson als Familienvater John beim Nach-Hause-Kommen zu seiner Familie zeigen. Beim ersten Mal sehen die Zuschauenden ihn, wie er sein Auto vor dem Haus der Familie parkt und aus dem Wagen heraus durch das Küchenfenster seine Frau Jenny mit dem gemeinsamen Baby im Arm erblickt. Er beobachtet die beiden glückselig, voller Stolz und Liebe, kann sich kaum von ihrem Anblick lösen, bevor er beseelt aus dem Auto steigt und zu ihnen ins Haus geht, um sie endlich in die Arme zu schließen.

Beim zweiten Mal – mittlerweile sind im Film einige Jahre vergangen – ist die Stimmung eine ganz andere. Dieses Mal blickt John genervt und erschöpft aus dem geparkten Auto heraus durch das Küchenfenster, sieht seine Frau und die mittlerweile zwei kleinen Kinder, teils schreiend, teils schimpfend. Alles an seiner Körpersprache sagt: Ich will da nicht rein, ich ertrage das gerade nicht, das laute Kindergeschrei, das Chaos, die angespannte Stimmung meiner Frau. Doch im selben Moment erblickt ebendiese ihn in der Auffahrt, winkt ihm hektisch zu und signalisiert ihm, er solle unverzüglich ins Haus kommen, er werde hier schließlich gebraucht. „Was fällt dir ein, dir da draußen eine Pause zu gönnen?", scheint ihr wütender Blick zu sagen.

Es war 2009, als ich diesen Film im Kino sah. Meine erste eigene Schwangerschaft lag noch fünf Jahre in der Zukunft, vom Kinderkriegen und Elternsein hatte ich so viel Ahnung wie jeder Mensch, der diese Dinge zwar aus Büchern und Filmen oder von Verwandten und aus dem Freundeskreis kennt, aber selbst noch nicht erlebt hat (also gar keine). Als ich nun also diese Szene mit dem Familienvater sah, der nur widerstrebend, in meiner Wahrnehmung fast angewidert, zu seiner Familie nach Hause kommt, genervt vom Geschrei der eigenen Kinder ist, sich dabei auch noch zu ärgern scheint, dass die Ehefrau angefressen ist, obwohl sie es doch ist, die den ganzen Tag auf die zwei aufgepasst hat, da kam mir nur ein einziger Gedanke in den Sinn: WAS! EIN! ARSCH! Wie kann man denn derart undankbar sein für das Glück, das zwei Kinder ins Leben bringen? Wie kann man denn überrascht sein, dass es, ja, auch mal anstrengend und laut ist? Das weiß man doch, dass das nun mal dazugehört! Und woher nimmt dieser John das Recht, überhaupt nur daran zu denken, sich vor den allabendlichen Verpflichtungen drücken zu wollen? Warum nimmt er das Nach-Hause-Kommen ins turbulente Familienleben, das Zähneputzen, das Ins-Bett-Bringen, das Vorlesen und Abknutschen der Kinder vorm Schlafengehen nicht als Freude und Privileg wahr, sondern als Last? WAS IST FALSCH MIT JOHN?

Seit diesen Gedanken, die ich ihm Kinosessel hatte, sind 14 Jahre vergangen. Ich habe geheiratet und – ganz ohne das Familienleben vorher mit einem Welpen zu üben – zwei Kinder bekommen. Und genau jetzt, in diesem Moment, während ich diese Zeilen tippe, mache ich „den John". Ich habe seine Taktik sogar perfektioniert: Ich sitze nicht einfach im Auto vor der Haustür, denn da würden die Kinder mich ja schnell entdecken. Stattdessen parke ich knapp 800 Meter entfernt auf dem Edeka-Parkplatz. Ich habe einen langen Tag voller geschäftlicher Termine hinter mir, mein Kopf ist voll von den neuen To-dos, die dabei entstanden sind, und voll von all den alten To-dos, die schon längst hätten erledigt werden sollen (das Schreiben dieses Kapitels ist nur eines davon).

Natürlich liebe ich meine Kinder und will wissen, wie ihr Tag war. Ich will sie zudecken und ihnen einen Gutenachtkuss geben und sie noch einmal drücken, bevor sie selig wegschlummern. Aber wenn ich ehrlich bin: In meinem Kopf ist gerade kein Platz für all die Fragen und Gespräche und kleinen Zahnputz- und Schlafanzug-anzieh-Kämpfe, die dem vermutlich vorangehen würden. Ich habe nicht die Ruhe, nach Gustav, dem rosa Plüsch-Flamingo meiner Tochter, zu suchen, der sich wie jeden Abend irgendwo im Duplo-, Puzzle- und Stofftier-Chaos ihres Zimmers verbirgt. Und mir fehlen die Nerven, um mit meinem Sohn die allabendliche Diskussion zu führen, dass er jetzt, und zwar wirklich jetzt, nicht gleich oder später, sondern jetzt sofort, die Playstation ausmachen soll. Ich will mit den beiden nicht darüber streiten, dass man sich innerhalb von 32 Sekunden gar nicht ausreichend die Zähne geputzt haben kann und dass sie deshalb noch mal ins Bad gehen und weiterputzen müssen. Und weil ich noch so viele unbeantwortete E-Mails im Posteingang und so viele ungelesene Nachrichten auf meinem Handy habe, hätte ich vermutlich nicht einmal die Ruhe, unser allabendliches Vorlese-Ritual liebevoll zu zelebrieren.

Also genieße ich die Tatsache, dass mein Mann zu Hause ist und all das übernimmt, während ich hier auf dem Edeka-Parkplatz mit dem

Laptop auf dem Schoß sitze und Zeit verstreichen lasse, um nicht mitten hineinzuplatzen in das Zahnputz-Playstation-wo-ist-Gustav-Drama. Und ich möchte den Moment nutzen, um mich bei Owen Wilsons Leinwandfigur zu entschuldigen. Ich weiß jetzt, dass John kein Arsch ist. John brauchte einfach einmal Luft zum Atmen, bevor er vom Arbeitnehmer- in den Familienvater-Modus wechselte. Er brauchte eine Pause-Taste für den Alltag, eine Minute zum Durchatmen. So wie wir alle sie manchmal brauchen – und auch verdient haben. Das hat rein gar nichts mit Undankbarkeit oder Sich-drücken-Wollen zu tun. Es ist einfach nur menschlich. Und mittlerweile, ganz speziell heute Abend, absolut nachvollziehbar für mich.

Die kleine Uhr am Armaturenbrett zeigt 20.30 Uhr. Ich fahre jetzt nach Hause zu meinen schlafenden Kindern. Und freue mich schon unendlich darauf, die beiden morgen früh in die Arme zu schließen. Und abends werde ich mit voller Einsatzbereitschaft Gustav, den Plüsch-Flamingo, suchen und finden. ❤

CARPE SHITTY DIEM

WIE ICH AKZEPTIERTE, DASS MANCHE TAGE EINFACH BESCH***EN SIND

Vorletzte Woche, am Montagmorgen, habe ich meinen achtjährigen Sohn zur Schule gefahren. Leider ohne Schulranzen. Als wir bereits vor dem Schulgebäude hielten, stand der Ranzen noch nutzlos bei uns im Hausflur, gute 20 Minuten Fahrtweg entfernt. Natürlich samt liebevoll gefüllter Brotdose.

In mir entfachte sofort der Drang, meinem Sohn einen Vortrag darüber zu halten, dass – wenn er schon bis vor den Schulhof gefahren wird und von mir sein Pausenbrot geschmiert und die Brotdose in den Schulranzen gesteckt bekommt – er zumindest dafür zuständig ist, selbigen ins Auto zu laden. Doch es war bereits 7.58 Uhr, zwei Minuten vor Unterrichtsbeginn. Es galt also, pragmatisch zu denken und nicht elterlich-emotional-erzieherisch. Wichtigster Punkt jetzt: die Nahrung. Damit er nicht hungern musste, steckte ich meinem Sohn den Apfel und den Erdnussproteinriegel zu, die beide eigentlich für mich gedacht waren (und sendete ein kurzes Stoßgebet los, dass der Lehrerin die sonderbare Frühstückszusammenstellung nicht negativ auffallen würde). Kurz keimte in mir die Hoffnung auf, dass wir damit das größte Problem gelöst hatten. „Aber ich brauche meine Federmappe! Und meine Fußballsachen für heute Nachmittag!“, konstatierte mein Sohn. „Dir wird ja wohl jemand einen Stift leihen können!“, ranzte ich zurück – wohl wissend, wie blöd es ist, wenn man sich alles zusammenleihen muss. Aber bei den Fußballsachen musste ich ihm recht geben: Nach der Schule ging es für ihn direkt weiter zum Training, und ohne Stollenschuhe würde er dort nicht teilnehmen können. Also biss ich in den metaphorischen sauren Apfel (einen anderen hatte ich ja nicht mehr, haha) und versprach: „Ich komme heute zu Beginn der großen Pause und bringe dir alles. Wir treffen uns genau hier.“

Die Aussicht, nur bis zum Mittag ohne eigene Sachen aushalten zu müssen, beruhigte ihn ein wenig. Trotzdem noch immer sichtlich bedrückt über den misslungenen Start in den Tag, schlurfte mein Sohn Richtung Klassenraum. Nie im Leben würde er pünktlich bis 8.00 Uhr an seinem Platz sein, aber den Gedanken schob ich schnell beiseite – um zu überlegen, wie ich es hinbekommen sollte, pünktlich um 11.30 Uhr samt Schulranzen wieder „genau hier" zu sein.

Ich erspare dir jetzt die Zusammenfassung meiner kleinen Notlügen, um Kundentermine und -telefonate zu verschieben. Wichtig ist ja nur: Ich bekam es hin! Punkt halb 12 stand ich wieder an Ort und Stelle, den Schulranzen samt Fußballsachen stolz in der Hand. Nur: Mein Sohn war nicht da. Genau genommen war niemand da. Der Schulhof war leer, die Mensa, in die ich von der Straße blicken konnte, ebenfalls. Und nun?

Pandemiebedingt hatte ich den Klassenraum meines Sohnes erst ein einziges Mal betreten. Bei meinem miserablen Orientierungssinn waren die Chancen, dass ich auf dem riesigen Schulgelände die Tür zur 3c allein wiederfinden würde, gleich null. Also blieb mir nur der Gang ins Sekretariat. Wo ich zunächst unter vorwurfsvollen Blicken beichten musste, dass mein Sohn gerade ohne Schulranzen im Klassenzimmer saß (zumindest hoffte ich das, da er ja nicht zum vereinbarten Treffpunkt erschienen war). Um mich dann der patzigen Nachfrage zu stellen, wie ich darauf käme, dass die große Pause um halb 12 beginne, die sei natürlich erst um halb 1, warum ich das nicht wisse, und nun solle ich den Ranzen einfach dalassen, man würde sich schon darum kümmern, dass der bei meinem Sohn lande.

Ich weiß, dass meine Erinnerung mir hier gleich diverse Streiche spielt. Die Blicke waren nicht vorwurfsvoll, die Nachfragen nicht patzig gewesen. Niemand hatte mich vorführen wollen, man hatte mir nur helfen wollen. Aber ich schämte mich so sehr für meinen zweiten elterlichen Patzer an diesem Tag, dass ich mir vorkam wie auf der Anklagebank, und mein Kopfkino machte alle Anwesenden zu Klägern.

Später am Nachmittag probierte ich, die durch die zusätzliche Fahrerei verpasste Arbeit nachzuholen. Der Fußballtrainer meines Sohnes rief an. Das tut er öfter, da ich die Mannschaftskasse verwalte und wir hin und wieder Geldein- und -ausgänge abgleichen. Doch dieses Mal ging ich nicht ran, mein Schreibtisch war zu voll, mein Kopf auch, und das Letzte, was ich gerade brauchte, war ein weiteres To-do auf meiner Liste. Außerdem würden wir uns in 90 Minuten ohnehin sehen, wenn ich meinen Sohn um 18 Uhr vom Training abholen würde – dann wollte ich ihn auf den verpassten Anruf ansprechen, nahm ich mir vor.

Doch der Trainer kam mir zuvor: „Silke, dein Sohn hatte Bauchschmerzen, der wollte abgeholt werden. Du musst telefonisch erreichbar sein während der Trainingszeiten, das geht so nicht." Ich brauchte einen Moment, um das Gehörte zu verarbeiten: Seit drei Jahren geht mein Sohn zweimal die Woche zum Fußballtraining. Noch NIE hat es einen Anruf gegeben, dass er abgeholt werden möchte – aber natürlich: Heute war es so weit. Heute, als ich das erste Mal nicht ans Handy gegangen war, als der Trainer anrief. Heute, an dem Tag, an dem ich mich sowieso schon mies gefühlt hatte, weil ich mein Kind ohne Brotdose und Federtasche in die Schule geschickt hatte. In die Schule, deren Pausenzeiten ich nach drei Schuljahren und einem Vorschuljahr noch immer nicht auswendig wusste. Heute musste er mit Bauchschmerzen beim Training bleiben, weil seine Mutter absichtlich nicht ans Telefon gegangen war. Übrigens, bei drei Grad Außentemperatur und Regen aufm Fußballplatz.

Natürlich war alles halb so wild. Und natürlich hätte der Fußballtrainer noch ein zweites Mal angerufen oder eine Nachricht geschickt, wenn es meinem Sohn sehr schlecht gegangen wäre. So schlimm waren die Bauchschmerzen dann aber doch nicht. Und trotzdem: Ich fand alles schlimm. Meinen ganzen Tag als Mama, von morgens um 8 bis jetzt um 18 Uhr. Und da war der Tag ja noch lange nicht vorbei.

Und nein, am Ende dieses aus meiner Sicht desaströsen Tagesberichts kommt nicht einmal die Erkenntnis, dass der vergessene Schulranzen, die falsch abgespeicherte Pausenzeit oder der nicht entgegengenommene Anruf irgendeinen sinnvollen Effekt gehabt hätten. (Vielleicht hatten sie das sogar, aber dann erschließt sich dieser mir bis heute noch nicht.) Dafür aber eine andere, viel wichtigere Botschaft: Ein schlechter Tag macht mich nicht zur schlechten Mutter. Denn blöde (Mon)Tage wie dieser gehören leider manchmal dazu.

Wir haben diesen WIRKLICH blöden Montag mit extradicken Pfannkuchen beendet (natürlich aus der Backmischung-Schüttelflasche), um gestärkt in den Dienstag zu starten. Und der wurde richtig gut. ❤

Gastautorin

Anja Mensing (@BeiAnja) ist Mutter eines achtjährigen Sohns. Sie hasst Backen, dafür liebt sie schöne Buchstaben: Auf Twitter und Instagram präsentiert Anja ihre Lettering-Kunstwerke.

DAS ZWEIFELHAFT SCHMEICHELHAFTE ABZEICHEN

WIE ICH OFFIZIELL EINE *BAD MOM* WURDE

Als mich Silkes Anfrage erreichte, ob ich zu ihrem neuen Buch eine Anekdote mit dem Oberthema „Bad Mom" beisteuern wolle, stand mein Mann gerade zusammen mit unserem Sohn und einem Besuchskind in der Küche und buk Plätzchen. Ich versteckte mich währenddessen mit einer Tüte Chips im Bett, weil ich Plätzchenbacken leider, leider hasse. Ich bin also quasi überqualifiziert als Bad Mom. Eine Bad Mom mit Abzeichen. Dabei wollte ich doch eine so tolle Super-Mami sein!

Tatsächlich hatte ich mir gerade die Weihnachtszeit mit Kind mal so idyllisch ausgemalt: Ich hätte stets ein liebevolles Lächeln auf den Lippen. Wir würden gemeinsam dekorieren, basteln und backen. Im Hintergrund sänge ein Chor Weihnachtslieder. Wir würden lachen und uns gemeinsam aufs Weihnachtsfest freuen. Es wäre perfekt.

Die Realität sieht leider so aus, dass mein Sohn basteln nicht ausstehen kann und ich keine Geduld beim Plätzchenbacken habe. Ganz ehrlich, bei jedem Teigklumpen, der auf dem Boden landet; bei jeder bemehlten Hand, die wahlweise auf der eigenen oder meiner Kleidung oder an der Katze abgewischt wird, verrutscht mein gesalbtes Lächeln zunehmend in Richtung meiner Zornesfalte. Und wenn Rolf Zuckowski noch EINMAL das Wort „Weihnachtsbäckerei" in den Mund nimmt, dann ...! Aber ich schweife ab. Letztlich bleibt uns das gemeinsame Dekorieren, was wir tatsächlich zelebrieren und sehr genießen. Immerhin.

Dass ich eine Bad Mom bin, habe aber nicht ich selbst entschieden. Das haben andere Mütter für mich getan. Meinen ersten großen Auftritt hatte ich im Krabbelkurs, als unser Baby etwa sechs Monate alt war.

Die Babys wurden gemeinsam auf weiche Matten in der Mitte des Raumes gelegt. Wir Mamis versammelten uns darum. Es sollte gesungen und geklatscht werden. Die Babys bekamen Spielzeug, und die Kursleiterin ermunterte sie dazu, sich vom Rücken auf den Bauch zu drehen. Es war pädagogisch alles sehr wertvoll, vermute ich.

Mein Sohn hingegen fand alles sehr scheiße. Direkt zu Beginn begann er zu weinen und zu schreien. Ich nahm ihn hoch und versuchte zu trösten. Er schrie. Die Kursleiterin sah besorgt, dass die anderen Babys durch das Schreien unruhig wurden. Mir wurde eine ruhige Ecke zugewiesen, in der ich das Baby stillen konnte. Danach der nächste Versuch auf der Matte. Dasselbe Spiel: Mein Sohn wollte nicht!

Er schrie wie am Spieß. Ich beruhigte. Er schrie. Ich beruhigte. Er schrie. Am Ende der Stunde war ich durchgeschwitzt und wir beide völlig am Ende. Ich legte ihn in den Kinderwagen und schob ihn in den Flur. Vor dem Aufzug schaute ich zu ihm runter. Engelsgleich lächelte er mich an. „Na, da hast du dich ja gerade von deiner besten Seite gezeigt“, sagte ich ironisch.

Die Mutter neben mir hatte meinen Kommentar gehört. Sie verzog verächtlich den Mund und meinte: „Na ja. Wohl eher nicht, oder?“

Ich hatte, das spürte ich, in diesem Moment von ihr mein Abzeichen als „Bad Mom“ erhalten. Und während ich damals auf dem Rückweg die ganze Zeit weinte, denke ich heute mit sehr viel Mitgefühl an die verspannte und überforderte Mutter, die ich damals war.

Seitdem sind nun fast acht Jahre vergangen, und mein *Bad-Mom-*Abzeichen hat viele, viele Stempel bekommen.

Gleichzeitig ist aus mir auch eine deutlich entspanntere Frau geworden.

Als mein Sohn zum Beispiel etwa drei Jahre nach dem Krabbelgruppenvorfall vor dem Kindergarten einen astreinen Wutanfall bekam, weil er trotz strömenden Regens mit dem Laufrad nach Hause fahren wollte, während ich das Auto bevorzugte, einigten wir uns schnell auf einen Kompromiss: Er dürfe Laufrad fahren, und ich würde langsam mit dem Auto neben ihm herfahren. Er war begeistert!

Es war mir zwar nicht egal, ob mich jemand dabei sehen würde, aber ich fand die Idee trotzdem bereits in diesem Moment lustig. Sollten sich die anderen doch das Maul zerreißen. Mein Sohn fuhr also stolz auf dem Laufrad, während ich neben ihm langsam die Dorfstraße entlangrollte. Die Fenster hatte ich heruntergelassen, sodass wir uns unterhalten konnten. Etwa nach der Hälfte der Strecke hatte er dann keine Lust mehr. Ihm war kalt, er war nass und wollte nun doch schnell nach Hause. Entspannt steckte ich ihn in seinen Kindersitz, schmiss das Laufrad in den Kofferraum und genoss das Beisammensein mit meinem zufriedenen Kind. Die Bad Mom in mir nickte zustimmend.

Heute trage ich mein *Bad-Mom*-Abzeichen voller Stolz. Manchmal frage ich mich, was wohl aus der Mami geworden ist, die mir damals mein Abzeichen überreichte. Ob sie sich auch manchmal mit einer Tüte Chips gemütlich im Bett versteckt? Und was würde sie wohl sagen, wenn sie erführe, dass ich eine ganz spezielle Absprache mit meinem Achtjährigen habe, die besagt, dass er am Wochenende früh aufstehen, fernsehen, zocken und Süßigkeiten essen darf, wenn er den Papa und mich im Gegenzug schlafen lässt? Sie wäre vermutlich außer sich.

Ich hingegen poliere lächelnd mein Abzeichen mit dem Ärmel, genieße die Backgeräusche, die manchmal aus der Küche zu mir schwappen, und schiebe mir entspannt eine Ladung Chips in den Mund. Es ist toll, eine Bad Mom zu sein. 💙

BEST
MOM!

ALLES NUR EINE PHASE

WIE ICH DEN BEGRIFF „MUTTERTÄT" KENNENLERNTE (UND JETZT UNBEDINGT WEITERVERBREITEN MÖCHTE)

Weißt du, was die Muttertät ist? Ich wusste es nicht. Und das ist absurd. Denn es ist ein Begriff, den jede Mutter kennen sollte. Und jeder Mensch, der Mütter in seiner Familie hat. Oder in seinem Freundeskreis. Oder der einer Mutter im Bus oder an der Supermarktkasse begegnen könnte. Kurz: Jeder Mensch sollte diesen Begriff kennen. Warum ich das denke? Das erkläre ich gleich. Aber erst einmal zur offensichtlicheren Frage: Was ist Muttertät?

„Meinten Sie ‚Muttertag', ‚Mutterkult' oder ‚Muttertier'?", fragt mich duden.de, wenn ich auf der Seite nach „Muttertät" suche. Auch auf Wikipedia existiert noch kein Eintrag zu diesem Wort. Doch googelt man den Begriff, findet man einige hilfreiche Artikel. „Muttertät: Die Wandlung von der Frau zur Mutter" ist die Überschrift eines Beitrags auf dem Portal stadtlandmama.de. „So identitätsverändernd wie die Pubertät", titelt elle.de. Und das ist ein sehr passender Vergleich.

Denn ähnlich wie die Pubertät beschreibt die Muttertät einen Prozess, in dem ein Mensch sich entwickelt, den Zeitraum, in dem eine Frau zur Mutter wird. Und genau wie die Pubertät, in der man auch nicht von einer Sekunde auf die nächste vom Kind zum oder zur Jugendlichen wird, räumt die Bezeichnung Muttertät eine ganz wichtige Erkenntnis ein: Mutter zu werden braucht Zeit. Klar, man wird es auf dem Papier in dem Moment, in dem man ein Kind gebiert. Aber die Umstellung vom Als-Frau-nur-für-sich-verantwortlich-Sein aufs Muttersein, das Verarbeiten von Hormonen und Eindrücken, das Gewöhnen an dieses rundum neue, verrückte, wunderschöne, aber auch wahnsinnig anstrengende Leben, ja, all das dauert. Da wird im Kreißsaal nicht einfach ein Schalter umgelegt, der das für uns erledigt. Es ist eine Phase, durch die alle Mamas durchmüssen – und deren Name dafür erstaunlich jung und unbekannt ist. Zumindest bei uns, denn in englischsprachigen Ländern in das anders: Der Begriff „Matrescence“ (in Anlehnung an „Adolescence“) wurde bereits 1975 geprägt und ist mittlerweile ins Cambridge-Wörterbuch aufgenommen worden: „the progress of becoming a mother“.

Es ist ein wunderbarer Gedanke, dass die Entwicklungsphase zur Mutter auch in der deutschen Sprache dasselbe Anrecht auf einen Namen hat wie die Pubertät. Denn es tut einfach wahnsinnig gut, Dinge, die uns hin und wieder an unsere Grenzen bringen, zu benennen. Weil wir uns dann weniger allein damit fühlen. Und weil es sich gleich viel normaler anfühlt. Wie die Pubertät: Da spielen die Hormone nun einmal verrückt, weiß doch jeder, Jugendliche sind so, alles ordnungsgemäß! Und schon vor dem Schritt in die Jugend neigen wir dazu, jedem noch so kurzen Lebensabschnitt unseres Nachwuchses einen Namen zu geben: die Autonomiephase voller Wutanfälle, die anhängliche Mama-Phase, die magische Phase voller Fantasiefreunde und Lügengeschichten, die aufreibende Wackelzahnpubertät, die schon vor der „echten“ Pubertät Eltern in den Wahnsinn treibt – alles vollkommen normal! Denn für alle diese Phasen gibt es Namen. Und je bekannter diese sind, desto mehr Verständnis wird den Menschen, die sich gerade in ihnen befinden, entgegengebracht. Nicht nur von ihren eigenen Eltern, sondern auch von den Menschen im Bus, an der

Supermarktkasse oder sonst wo.

Den Namen für die Phase, die wir Mütter durchleben, wenn wir ein Kind zur Welt gebracht haben, kennt bislang kaum jemand. Ich schreibe seit 2013 Artikel für Elternmagazine, bin aber erst Anfang 2023 über den Begriff „Muttertät" gestolpert. Das war, als ich auf dieses Buch stieß: „Muttertät – wenn sich plötzlich alles anders anfühlt. Wie das Mutterwerden unseren Körper, unsere Persönlichkeit und unser Leben verändert" von den Autorinnen Svenja Krämer und Hanna Meyer. Für dieses Buch möchte ich an dieser Stelle werben. Damit sich der Begriff „Muttertät" über uns Mütter und alle Menschen in unserem Umfeld immer weiter verbreitet.

Denn wie befreiend wäre es bitte, wenn man auf sonderbare Blicke, unsensible Bemerkungen oder gar auf ein offensives „Was ist denn mit Silke los? Die ist

schon wieder so komisch drauf" einfach antworten könnte: „Du, lass die mal, die steckt doch mitten in der Muttertät" – und alle wüssten sofort, was gemeint ist?! Und vermutlich wären wir, wenn wir diesen Begriff kennen und das, was er mit sich bringt, richtig einordnen würden, alle auch viel gnädiger zu uns selbst. Wenn wir zum Beispiel im Rückbildungskurs unseren Beckenboden nicht finden. Oder beim Stillen nicht sofort diese einmalige Verbindung zum Baby spüren, von der immer die Rede ist. Wenn wir am ersten Weihnachtsfest mit Baby ein kleines bisschen durchdrehen. Oder wenn wir in der Kita-Garderobe plötzlich losheulen. Ja, ich bin der festen Überzeugung, mir hätte so ein Begriff geholfen – um schon viel früher zu erkennen: Nichts von alledem ist falsch oder schlecht. Sondern schlicht normal. Für diese Phase. ❤

MAMA GUT, ALLES GUT

WIE ICH ERKANNTE, DASS EINE GUTE MUTTER SICH VOR ALLEM UM SICH SELBST KÜMMERN MUSS

Meine Muttertät hat lange gedauert. Um ehrlich zu sein, glaube ich, sie ist noch immer nicht abgeschlossen. Oder anders gesagt: Ich habe oft das Gefühl, dass ich durch Meilensteine wie die Kita-Eingewöhnung, die Einschulung oder die jetzt bei uns bevorstehende Umschulung in immer neue Muttertätsphasen hineingerate. Und ganz sicher hat auch die Pandemie mit ihren Einschränkungen eine komplett neue, so noch nicht da gewesenen Muttertätsphase eröffnet. Nicht nur für mich, sondern auch für dich und alle anderen Mütter.

Wie ist man eine gute Mutter, wenn die Kinder nicht zum Turnen, zum Schwimmen, zum Fußball oder in den Musikkurs dürfen? Wenn die Schulen und die Kitas geschlossen sind, die Spielplätze gleich mit, wenn man keinen Garten hat und (in unserem speziellen Fall) die Nachbarn unter einem ab Tag eins beginnen, Lärmprotokoll zu führen über die Zeit, die man nun vermehrt zu Hause verbringen muss?

Zum Glück hatte ich mich zum Zeitpunkt, als die Pandemie ausbrach, schon von dem Bild der unfehlbaren Mama, das mir einst vorschwebte, verabschiedet. Nein, perfekt wollte ich gar nicht mehr sein. Aber selbst eine gute Mutterschaft (beziehungsweise das, was ich mir darunter vorstellte) war angesichts der pandemischen Umstände ja ein nahezu unerreichbares Ziel. Ich probierte es mit Online-Vorlesestunden für die Tochter, Online-Fußballtraining für den Sohn, Online-Judotraining für beide gemeinsam, ach, mit so ziemlich jedem Online-Angebot, das es in dieser Phase gab. Ich schickte die Kinder auf „Bingo-Spaziergänge", bei denen sie Dinge wie Eicheln, Steine oder Blätter finden mussten – um sie irgendwie fürs Spazierengehen zu begeistern. Ich versuchte, die angestiegene Bildschirmzeit zumindest mit sinnvollen Sendungen zu füllen (ein erneutes DANKE an die Maus und Checker Tobi). Ich wurschtelte mich durch die Tage, ja, auch mal mit Hotdogs zum Frühstück, aber immerhin: Schularbeiten, Mahlzeiten, frische Luft, irgendeine Form von Bewegung (die nicht gleich wieder für eine Beschwerde bei der Hausverwaltung sorgte) – alles klappte tatsächlich irgendwie, den Kindern ging es gut.

Für mich hatte ich keinen Online-Kurs gebucht. Ich hatte mir auch keine schönen Sendungen für meine Bildschirmzeit rausgesucht. Denn ich hatte gar keine Bildschirmzeit. Außer die am PC für die Arbeit natürlich. Aber zwischen all dem Homeschooling, Homeoffice und der Homekinderbetreuung blieb für so etwas Banales wie einen Netflix-Abend eben keine Zeit. Geschweige denn die Kraft für einen Online-Sportkurs.

Als die Lockerungen kamen, dauerte es nicht lange, und der Terminkalender der Kinder war wieder so voll wie vor der Pandemie. Meiner irgendwie nicht. Was nicht bedeutet, dass ich nichts zu tun hatte: Ich holte die Kinder von der Schule und der Kita, brachte sie zum Fußballtraining und zum Malkurs, zu Spielverabredungen und zu Punktspielen, ich stand auch sonntagmorgens um neun Uhr wieder am Sportplatz und feuerte meinen Sohn an. Aber zu einem Sportkurs für mich schaffte ich es nicht wieder. Das Zeitfenster, das in meinem Alltag für solche Dinge vorhanden war, war schon vor der Pandemie verhältnismäßig klein gewesen. Und wurde es mal stressig, fiel meine Me-Time sowieso als Erstes flach. Aber nach den Lockdowns war dieses Zeitfenster nahezu vollständig verschwunden. Absorbiert von der Pandemie.

Das Erstaunliche daran: Mir fiel das zunächst gar nicht auf. Ich merkte nur, dass ich alles irgendwie als anstrengender empfand. Leichter auf die Palme und aus der Fassung zu bringen war. Meine Kinder schon wegen Kleinigkeiten anschrie. Und immer öfter unkontrolliert losheulte. Der Höhepunkt einer neuen Muttertätsphase. Eines Nachmittags saß ich mit meiner Freundin Mona – die aus dem Hüpfburgparadies – bei uns in der Küche, unsere Kinder spielten im Kinderzimmer, wir hätten ganz entspannt Kaffee trinken und uns dabei unterhalten können. Hätten wir. Wenn ich nicht geheult hätte wie ein Schlosshund, aus Gründen, die ich selbst nicht kannte. „Ich kann nicht mehr“, sagte ich und schluchzte. „Ich verstehe dich so gut“, antwortete Mona und nahm mich in den Arm. „Was ist passiert?“, fragte mein Mann, der just in dem Moment nach Hause und in die Küche kam. „Ich weiß es nicht“, antwortete ich wahrheitsgemäß und wischte mir den Rotz aus dem Gesicht.

Ich weiß, es klingt wie eine konstruierte Handlung aus einem *Gute-Zeiten-schlechte-Zeiten*-Drehbuch, aber es lief tatsächlich so ab: Nach diesem Schlüsselmoment veränderte sich etwas in mir. Ich wollte nicht mehr so fertig sein von meinem Alltag, dass ich grundlos losheulte. Ich wollte meine Kinder nicht mehr anschreien, sobald etwas nicht sofort so klappte, wie ich es mir vorgestellt hatte. Ich war gern eine Working Mom, aber ich wollte das nicht mehr nur sein. Ich liebte meine Arbeit, und noch viel mehr liebte ich meine Kinder, aber ich war doch mehr als Work und Mom.

Mein Mann war es, der für mich den perfekt passenden Sportkurs fand. Und dafür sorgt, dass ich auch wirklich jede Woche hingehe. In einer stressigen Phase ist mein Kurs nicht mehr der erste, den ich ausfallen lasse – sondern derjenige, bei dem ich dafür sorge, dass er auf jeden Fall stattfindet. Weil ich endlich verstanden habe, dass es nicht nur mir guttut, etwas für mich selbst zu tun. Um eine gute Mutter sein zu können, ist es notwendig, dass ich das tue. Auch wenn es bedeutet, dass meine Kinder dafür einmal auf etwas verzichten müssen. Diese Erkenntnis war für mich vermutlich eine der schwersten in der gesamten Muttertät. Aber ganz sicher auch die wichtigste.

Natürlich wäre es albern zu glauben, dass es einen neuen Menschen aus einem macht, wenn man einmal alle sieben Tage eine Stunde lang zum Sport geht. Das ist ungefähr so realistisch wie die Erwartung, dass eine junge Mutter sich „mal so richtig erholen“ kann, wenn man ihr für eine halbe Stunde das Baby abnimmt. Natürlich reicht beides nicht aus, um einen Effekt erwarten zu können. Aber: Es ist ein Anfang. Genau wie

die Erkenntnis, dass man sich nicht schlecht fühlen muss, wenn man Hilfs- und Babysitting-Angebote annimmt, hilft auch diese Erkenntnis sehr: Es ist richtig und wichtig, die eigenen Bedürfnisse an erste Stelle zu stellen. Erst recht, wenn wir uns in Ausnahmesituationen befinden. Vor jedem Flugzeugstart wird uns erklärt, dass wir im Falle eines plötzlichen Sauerstoffverlustes erst uns selbst eine der herabfallenden Masken über Mund und Nase ziehen und uns danach um unsere Kinder kümmern sollen. Weil auf der Hand liegt: Um unserem Kind zu helfen, brauchen zunächst wir den lebensnotwendigen Sauerstoff.

Im Mama-Alltag gibt es keinen Flugbegleiter, der uns daran erinnert, dass wir uns zuerst um uns selbst kümmern müssen. Im Gegenteil: Vom Tag der Geburt an steht das Kind im Fokus. Ach, eigentlich schon vorher. Wir feiern keine „Mommy"-, sondern eine „Babyshower". Wir kaufen Elternratgeber, in denen es gar nicht um uns Eltern geht, sondern um die Kinder. Unsere eigenen Bedürfnisse verschwinden hinter denen unseres großartigen Nachwuchses. Uns geht dadurch natürlich nicht direkt der Sauerstoff aus. Aber nach und nach ganz sicher die Energie, die wir brauchen, um wirklich für unsere Kinder da sein zu können. Und irgendwann sitzen wir heulend in der Küche und wissen gar nicht, warum.

Umso wichtiger finde ich es, dass wir uns immer wieder daran erinnern, was wir jeden Tag leisten. Wie großartig wir in dem sind, was wir tun. Dass Hotdogs zum Frühstück oder ein vergessener Schulranzen nichts, aber auch wirklich gar nichts an dieser Großartigkeit ändern. Dass wir alle uns viel öfter trauen dürfen, uns und unsere Bedürfnisse an erste Stelle zu stellen. Und dass uns das ganz bestimmt nicht zu schlechten Müttern macht. Im Gegenteil. ❤

Mona Diop (@monadiop) ist Mutter von zwei Jungs, Working Mom aus Leidenschaft und hat die Autorin dieses Buches im letzten Kapitel im genau richtigen Moment fest in den Arm genommen.

REISEN MIT LEICHTEM GEWISSEN

WIE ICH OHNE MEINE KINDER IN DEN FLIEGER NACH DUBAI STIEG

Ob es der langersehnte Friseurtermin nach der Geburt meines ersten Sohnes oder ein Massagetermin war, jeder, wirklich jeder schöne Termin, den ich mir nach der Geburt meiner Kinder gemacht habe, musste aus Gründen wie Kinderkrankheiten oder Babysitter-Ausfällen abgesagt werden. Das Dilemma ging so weit, dass ich mir schließlich in einer Drogerie eine eigene Friseurschere kaufte, um künftig gar keine Termine mehr vereinbaren zu müssen, zumindest nicht zum Haareschneiden.

Nach acht Jahren größtmöglicher Terminabstinenz fragte mich mein Mann, ob ich ihn für fünf Tage beruflich ins Ausland begleiten könnte – nach Dubai! Dubai, das liegt knapp 5000 Kilometer Luftlinie entfernt von unserer Heimat Hamburg. Die Flugzeit allein für den Hinflug beträgt fast sieben Stunden. Das sind umgerechnet mindestens vier Friseurtermine! Und dann wäre ich ja noch lange nicht zurück, sondern ganze fünf Tage am anderen Ende der Welt, bevor es weitere vier Friseurtermine lang dauert, bis ich zurück in Hamburg wäre. Im ersten Moment kam es mir schlicht unmöglich vor, diese Reise anzutreten. Aber auf der anderen Seite: Ich wollte es SO gern! Allein der Gedanke, eine kurze Auszeit von meinem Mama-Alltag nehmen zu können, war einfach herrlich verlockend. Vielleicht würde ich es in Dubai sogar schaffen, einen Friseur- UND Massagetermin wahrzunehmen! Und nicht zuletzt handelte es sich um eine beruflich notwendige Reise: Mein Mann ist Eventmanager und brauchte vor Ort jemanden, der ihn unterstützt. Er wollte am liebsten, dass ich diese Person bin. Und ich wollte unbedingt diese Person sein.

Als ich gedanklich alle dafür notwendigen organisatorischen Dinge durchgegangen und zu dem Schluss gekommen war, dass ich es tatsächlich schaffen könnte, entschied ich mich, den Reiseplänen eine Chance zu geben. Die Großeltern würden für den Zeitraum bei uns wohnen, sodass für die Kinder möglichst wenig an ihrem gewohnten Umfeld und den gewohnten Abläufen verändert werden würde. Wir buchten unseren Flug nach Dubai und waren guter Dinge, die Reise in zehn Tagen antreten zu können. Es war ein überschaubarer Zeitraum, was sollte da schon passieren? Ich habe mich sogar getraut, so etwas wie Vorfreude zu empfinden.

Drei Tage vor der Abreise bekam unser älterer Sohn plötzlich hohes Fieber. Wäre es ein Ausflug an die Ostsee gewesen, hätte ich, ohne zu zögern, sofort alles abgesagt. Doch in diesem Fall hing ein bisschen mehr dran – allein schon durch die nicht stornierbaren teuren Flüge. Ich hatte schlaflose Nächte, wachte über mein Kind, nicht wissend, was nun die richtige Entscheidung ist. Nach drei Tagen und Nächten mit fieberndem Kind sank die Temperatur leicht. Es war der Tag unserer Abreise. Meine Koffer hatte ich nicht gepackt. Immerhin war er immer noch krank. Was wäre, wenn das Fieber wieder ansteigen und mein Sohn mich, seine Mama, brauchen würde? Ich war drauf und dran, alles abzusagen.

Meine Mutter, die mich schließlich auch großgezogen und bei Krankheiten über mich gewacht hatte, überzeugte mich letztendlich, die Reise anzutreten. Noch am Flughafen war ich erfüllt von Ängsten, Sorgen und Zweifeln und war eigentlich die ganze Zeit über mit einem Bein schon wieder auf dem Weg nach Hause. Nach mehreren Telefonaten mit meinem Sohn und meiner Mutter sowie regelmäßig eingeforderten Updates über seine Körpertemperatur betraten wir aber schließlich doch das Flugzeug, das uns in einem Nachtflug nach Dubai fliegen sollte. Als ich im Flugzeug, kurz bevor wir starteten, von meiner Mutter noch die Nachricht bekam, dass mein Sohn eingeschlafen sei und nur noch leicht erhöhte Temperatur habe, konnte ich mich etwas entspannen und schlief ebenfalls ein.

Als wir landeten, fragte ich sofort nach seinem Zustand. Meinem Sohn ging es immer besser. Die Temperatur stieg nicht wieder an, er war am

nächsten Morgen wieder fit. Unsere beiden Jungs genossen dann die gemeinsame Zeit mit ihren Großeltern sehr. Wir haben regelmäßig über Video miteinander gesprochen, und ja, ich habe meine Kinder sehr vermisst. Aber ich bereue die Reise keine Sekunde. Meine Söhne genossen die Aufmerksamkeit ihrer Großeltern und fühlten sich geborgen, während ich Zeit hatte, um mich zu erholen und Energie zu tanken. Die Zeit mit meinem Mann und die Pause von den alltäglichen Verantwortungen halfen uns, unsere Beziehung zu stärken. So kamen wir, obwohl es ein Business-Trip und kein reiner Urlaub gewesen war, erholt und gestärkt zurück nach Hause.

Ich hatte lange Zeit verdrängt, dass wir Eltern uns auch um uns selbst kümmern müssen. Wir müssen Zeit für uns haben, um unsere Batterien wieder aufzuladen. Und wenn wir das Vertrauen in andere haben, kann es tatsächlich eine unvergessliche Erfahrung werden. Also, sei mutig und werde zur Abenteurerin, auch wenn es manchmal reichlich Überwindung kosten kann! Und es muss ja nicht gleich Dubai sein ...

DIE BESTE SCHLECHTE MAMA DER WELT

WIE ICH REALISIERTE, DASS ICH FÜR MEINE KINDER DIE BESTE MUTTER DER WELT BIN (UND DU FÜR DEINE!)

Die schwangere Silke von 2013 wäre entsetzt, wenn sie dieses Buch lesen würde. All die Geschichten, die ich und die anderen Mütter hier preisgegeben, haben nichts mit meiner einstigen Vorstellung einer perfekten oder doch zumindest guten Mutter zu tun. Im Gegenteil. Und ursprünglich wollte ich dieses abschließende Kapitel für die schöne Erkenntnis nutzen, dass ich heute viel lieber eine schlechte, aber glückliche Mutter bin als eine perfekte.

Doch beim Schreiben dieses Buches sind gleich mehrere Dinge passiert, mit denen ich nicht gerechnet habe. Da waren zum einen die Gastautorinnen, die ich um ihre Beiträge für meine Geschichtensammlung gebeten habe. Wie fragt man eine Mutter, ob sie Teil eines Buches mit dem Titel „Bad Mom" werden möchte, ohne dass man sie schon mit der Frage beleidigt? Ich habe mir lange Erklärungen bereitgelegt, dass ich die angefragten Autorinnen selbstverständlich nicht für schlechte Mütter halte, aber dass es ja vielleicht und möglicherweise dennoch eine Geschichte aus ihrem Mama-Alltag gäbe, in der sie sich selbst als, na ja, nicht gerade das perfekte Mutter-Abbild identifizieren würden. Ich redete (oder schrieb, je nach Form der Kontaktaufnahme) mich um Kopf und Kragen und hoffte, dass niemand meine Anfrage in den falschen Hals bekäme. Und stellte (anfangs noch sehr, bei späteren Anfragen dann immer weniger) überrascht fest: Jede einzelne der Mütter wusste sofort, was ich meinte. „EINE Geschichte brauchst du nur? Welche soll ich denn da nehmen?", „Da könnte ich mein eigenes Buch mit füllen!" und „Begleite mich doch einfach heute den ganzen Tag, da wird genug Passendes passieren" waren Reaktionen, die ich unter anderem bekam.

Zum anderen war da meine wunderbare Lektorin Nina (die sich beim Lesen dieser Zeilen vermutlich gerade erschrickt, dass sie plötzlich in meinem Buch stattfindet). Erinnerst du dich an die Anekdote, in der ich davon berichtet habe, wie meine Tochter viermal hintereinander den *Paw-Patrol*-Kinofilm geguckt hat? „Ein sehr süßer Beitrag. Witzig auch, wie lange du probierst, dich zu erklären. Mir hätte ein Satz gereicht: ‚Ich war krank und mit Tochter allein zu Hause'", schrieb sie mir an den Rand dieses Textes. Und direkt darunter: „Aber das macht es umso besser, weil es uns allen aus der Seele spricht: wie wir uns eigentlich ständig vor irgendwem (uns) rechtfertigen für unsere vermeintlichen Bad-Mom-Anteile. Uff."

Uff, dachte auch ich, als ich das las. Woher kommt mein Bedürfnis, mich über mehrere Absätze für diese Situation zu erklären? Und vor wem eigentlich? Vor meiner Tochter ganz sicher nicht – die fand den Fernsehmarathon ja super. Ich komme am Ende des Kapitels doch selbst zu dem Schluss, dass ich für sie an diesem Tag eine wunderbare Kindheitserinnerung geschaffen habe.

Was mich zu einer weiteren Erkenntnis bringt: Wenn ich an meine eigenen schönsten Kindheitserinnerungen denke, dann sind auch die geprägt von Situationen, die mit meinem ursprünglichen Bild einer guten Mutter nichts zu tun haben. Ich erinnere mich an wunderbare Abende zusammen mit meiner Schwester auf der Couch, wir essen unser Abendbrot vor dem Fernseher, in dem „Wetten, dass..?" läuft, und unsere Mama sagt, dass wir die Sendung bis zum Ende gucken dürfen. Oder ich denke an die eine Woche in den Sommerferien, in der mein Vater mir jeden Tag einen anderen Film auf VHS zeigt, erst alle drei Star-Wars-Filme und dann alle drei Indiana-Jones-Filme, obwohl ich viel zu jung dafür bin. Mir fällt der Heiligabend 1991 ein, an dem ich das Nintendo Entertainment System auspacke und vor Glück anfange zu weinen – und dann die gesamten Weihnachtsferien nicht anderes mehr tue, als den kleinen 8-Bit-Mario über den Bildschirm hüpfen zu lassen. Ich denke an meine unpädagogisch große Sammlung an Barbiepuppen, daran, dass wir ab und zu eine Junior-Tüte (ja, so hieß das Happy Meal früher) bei

McDonald's haben durften, an zu langes Wachbleiben mitten in der Woche und zu viele Süßigkeiten in der Weihnachtszeit. Um ehrlich zu sein: Ich glaube, meine Kindheit war voll von wunderbaren Ausnahmen dieser Art. Und trotzdem – oder gerade deshalb – war und ist meine Mutter für mich immer die beste Mutter auf der ganzen Welt. Und wenn ich meinen Kindern glauben darf (und das tue ich jetzt einfach mal), dann bin auch ich für sie die allerbeste Mutter, die sie sich vorstellen können. (Ich will nicht angeben, aber laut meiner Tochter bin ich sogar die beste Mutter seit den Dinos und seit dem Urknall. BÄM!)

Die erfreuliche Erkenntnis dieses Kapitels reicht also viel weiter, als ich es ursprünglich geplant hatte. Ich bin gar keine schlechte Mutter. Das bist du auch nicht. Keine von uns ist es! Zumindest nicht für unsere Kinder. Und das schlechte Gewissen wegen eines vergessenen Schulranzens, zu vieler Süßigkeiten oder viel zu langer Bildschirmzeit ist gleich viel geringer, wenn man sich vor Augen hält: Es geht nicht nur mir so. Ich bin damit nicht allein. Denn diese Dinge passieren nicht nur dir oder mir, sondern auch vielen anderen Müttern und vielleicht sogar gerade jetzt. Und sie sind nie so schlimm, wie sie im allerersten Moment erscheinen. Was mich an einen weiteren Kommentar meiner Lektorin Nina erinnert, die neben das Kapitel, in dem ich gebeichtet habe, dass ich meinen Kindern ihr Abendessen in einem öffentlichen Verkehrsmittel serviert habe, nur schrieb: „Wir machen das auch. Wir essen oft in der Bahn."

Vielleicht sollten wir uns also alle viel öfter über die Dinge austauschen, die in unserem Mama-Alltag vermeintlich schlecht ablaufen. Um zu realisieren, dass sie überhaupt nicht so katastrophal sind, wie sie sich im ersten Moment anfühlen. Dabei kann es übrigens schon helfen, einfach den passenden Müttern auf Instagram zu folgen. Denjenigen, die keine perfekte Welt vorspielen. Emily Vondrachek (@emilyvondy) zum Beispiel. Sie berichtete letzten Monat in einer Story von ihrem Streit mit der Krankenkasse. Die hatte auf ihren Unterlagen ein falsches Geburtsdatum für Emilys drittes Kind notiert. Der Schriftverkehr ging mehrmals hin und her – bis Emily die Geburtsurkunde als Beweis heraussuchte. Nur um festzustellen, dass die Krankenkasse recht hatte! Und sie selbst seit Jahren den Geburtstag ihres Kindes am falschen Datum gefeiert hatte.

Hand aufs Herz: Wie herrlich gut tut es, so eine ehrliche Geschichte von einer anderen Mutter zu lesen? Mir jedenfalls sehr. Und ich hoffe und wünsche mir, dass dieses ganze Buch dasselbe bei dir bewirkt. ❤

PLATZ FÜR DEINE EIGENE LIEBSTE BAD-MOM-GESCHICHTE (ODER MEHRERE)

DANKE!

Um ein Kind großzuziehen, braucht es laut Sprichwort ein ganzes Dorf. Um ein Buch zu schreiben, braucht es vielleicht kein Dorf – aber zumindest ein metaphorisches Haus voller toller Menschen. Allen, die in meinem „Hurra, ich schreibe ein zweites Buch!"-Haus wohnen, möchte ich hiermit von Herzen danken:

DANKE an Maria Ehrich für ihre so treffenden und liebevollen Worte zu Beginn dieses Buches. DANKE an Yvonne Küppers, meine Mutter Corinna Bäck, Christina Meyer, Eva Gardé, Katrin, Anja Mensing und Mona Diop für ihre wundervollen Gastbeiträge. DANKE an das Junior-Medien-Team Anja Jung, Claudia Weingärtner und Jan Wickmann. DANKE an Malte Müller für seine bezaubernden Illustrationen. Ein ganz besonderes DANKE an meine großartige Lektorin Nina Schnackenbeck. DANKE an meine Eltern Corinna und Heiner, dass ich mich zum Binge-Writing in mein altes Kinderzimmer zurückziehen durfte. DANKE an Gabi und Julia für jeden Donnerstagabend. Ein extragroßes DANKE an meine Kinder Tom und Mina und meinen Mann Daniel. Ich liebe euch sehr.

Und DANKE an dich, dass du dieses Buch und die ehrlichen Geschichten darin gelesen hast. ❤

Foto: Lea Franke

Silke Schröckert ist Moderatorin, Journalistin und zweifache Mutter. Für Kinder hat sie schon geschrieben, bevor sie selbst welche hatte: Als Chefredakteurin eines Kinderzeitschriftenverlages füllte sie Hefte wie „Fix & Foxi" und „Conny" mit Inhalten. Heute schreibt Silke für die ganze Familie: Ihre Texte erscheinen in Kinder- und Comic-Magazinen, in Elternzeitschriften und auf Online-Portalen für Väter und Mütter.
Mit ihren eigenen Websites *Enkelkind.de* und *Hallo-Oma.de* erreicht Silke monatlich Zehntausende Leser*innen der Großelterngeneration. Ihre zweite große Leidenschaft – neben der Familie – sind Filme. Als Moderatorin ist sie Teil des Film- und Serienformats „Filmgorillas". Mit herrlich ehrlichen Anekdoten aus ihrem (Film- und) Familienalltag entertaint Silke regelmäßig rund 15.000 Follower*innen auf ihrem Twitter-Account.

DIE BESTE ZEIT UNSERES LEBENS

Keine Phase im Leben ist aufregender als die ersten Jahre mit Kids. Wir begleiten euch auf eurem Weg! Mit unseren Büchern seid ihr immer gut beraten – und niemals ganz allein.

ISBN 978-3-9822992-0-4

ISBN 978-3-9822992-6-6

ISBN 978-3-9822992-4-2

ISBN 978-3-9822992-8-0

ISBN 978-3-9822992-9-7

ISBN 978-3-9822992-2-8